Werner Hurka/Henning Milde
Gartenfreude bis ins hohe Alter

Werner Hurka / Henning Milde

Gartenfreude bis ins hohe Alter

Wie man sich das Gärtnern leichter machen kann

1. Auflage 2002
© PVD Management- und Verlagsgesellschaft für Pflege- und Betreuungsdienstleistungen mbH, Gallbrunnenplatz 5, 76669 Bad Schönborn.

ISBN 3-935163-01-0

Alle Rechte vorbehalten, insbesondere die der Übersetzung, der Übertragung durch Bild- oder Tonträger, des Vortrages, der fotomechanischen Wiedergabe und der Fotokopie. Nachdruck, auch auszugsweise, nur mit Genehmigung des Verlages.
Redaktion, Produktion, Layout und Einbandentwurf: WOTO Werbeagentur und Verlag, 75378 Bad Liebenzell.
Satz, Reproduktionen:
Fotosatz Schradi GmbH, 75242 Neuhausen.
Druck: rondo druck, 73061 Ebersbach.

Inhaltsverzeichnis

Vom Ursprung des Wortes „Garten" 9

Vertrauen und Zuversicht 10

Vorwort 11

EINFÜHRUNG

Lust und Last des Gärtnerns im Alter 16
    Steigende Mühsal 16
    Garten kann süchtig machen 19

Die Bedeutung des Gärtnerns 20
    Freude und Spaß 21
    Fitness 21
    Anpassung an das Alter und Hilfe von Außen 21
    Nahrung und Verzehr 22

Ausscheiden aus dem Beruf 22

Methodischer Ansatz 25
    Erfolgreiche Befragung 26
    Ganzheitlicher Ansatz 27

INTELLIGENTE ARBEITSTECHNIKEN

Das Umgraben ist besonders mühsam 30
    Die richtige Spatenwahl 33
    Gründüngung erleichtert das Graben 35
        Gründüngung für Herbst und Winter 36
        Gründüngung für den Sommer 37

Lasten heben und tragen 38
    Wasser aus der Regentonne 41
    Rollhocker 42
    Praktischer Sitz- und Kniestuhl 43
    Sitzkissen und Knieschutz 44

Die Arbeit nach oben holen 46
    Hochbeete sind ideal 46
    Bepflanzung von Hochbeeten 46
    Material 47
    Statik und Bauweise 47
    Füllungen 48

Inhaltsverzeichnis

    Tischbeete für das Gärtnern im Sitzen 49
    Bankbeete 49
    Einen Arbeitstisch benutzen 50
    Bequem arbeiten mit Saatplatten und -bändern 51

Unkraut/Wildkraut bekämpfen 53
    Mechanische Unkrautbekämpfung 53
    Einsatz von Hitze 54
        Elektrizität als Energiequelle 55
        Gas als Energiequelle 55
        Wasserdampf zur Unkrautbeseitigung 57
    Chemische Bekämpfung 58

Rasenpflegegeräte 59
    Mähroboter 62
    Mit allem Komfort 62
    Bedenken und Warnungen bezüglich
    Umweltbelastungen 63

Transporthilfen für den Garten 65
    Sackkarren 65
    Schubkarren 66
    Faltbare Schubkarre 67
    Transport in Körben, Eimern und anderen Behältern 68
    Traghilfen für Kübel 69

Bewässerung im Garten 71
    Schlauchwagen 73
    Schlauch- und Kabelrollen sparen Kraft 73
    Bewässerung in Balkonkästen oder Pflanzenkübeln . 74

Sonstige Erleichterungen und Tipps 77
    Gemüselagerung in der Waschmaschinentrommel .. 77
    Kalksandsteine zur Gerätehalterung 78
    Kehrboy mit Stiel 79
    Und was ist mit Laubsaugern? 79
    Ordnung halten 80
    Geräteleisten, Gerätehalter 80
    Schlauchhalter 81

Den Biorhythmus beachten 83
Vom Ausruhen 84

Poesie 85

Inhaltsverzeichnis

GEEIGNETE ARBEITSGERÄTE FÜRS ALTER
Kaum gezielte Informationen 88

Gerätestiele 91
    Telekop- und Verlängerungsstiele 91
    Ergonomische geformte Stiele 93
    Gartenkralle schont den Rücken 94
    Ziehgriffe zum Aufschrauben 95
    Greifhilfen 96

Neues bei Schneidegeräten 97
    Scheren 97
    Astscheren 102
    Fester Stand und Arbeitsgerät in Armhöhe 104
    Erleichterungen beim Schneiden von Rasenkanten 105
        Rasenkantenscheren 105

Das Schneiden von Hecken ist mühsam 107
    Hand-Heckenscheren 107
    Elektrisch angetriebene Heckenscheren 108

ERLEICHTERUNG DURCH ANGEPASSTE MATERIALWAHL UND GARTENGESTALTUNG
Beläge für Wege 110
    Natursteine 111
    Künstliche Steine 111

Gefährliche Beläge 112
    Natursteine 112
    Künstlich hergestellte Steine und Platten 113
    Kopfsteinpflaster 113
    Holzplatten sind tückisch 113
    Wassergebundene Wege 114

Rampen und Treppen 114
    Treppenformel 114
    Übergänge 115
    Podeste Schaffen 116

Mulchen erleichtert die Gartenarbeit 117
    Mulchen von Rasenflächen 118

Geeignete Pflanzen im seniorengerechten Garten 119
    Schwach wachsende Obstbäume 119

Inhaltsverzeichnis

Unvernunft 119
Vereinfachungen 120
Niederstammobst 121
Apfelbüsche 122
Bodendecker 125
    Boden bedeckende Stauden 126
    Boden bedeckende Gehölze 127
Einige Gedanken zu Hecken 128

Friedhof und Grabpflege – einige Anmerkungen 131
    Eine Grabstelle ist ein kleiner Garten 131
    Praktisch für den Friedhof: Der „Pop Up" 134

AUSBLICKE IN DIE ZUKUNFT
Beginn einer Neuentwicklung? 136
    Gemüse selbst ernten 136

Gärtnern im Seniorenwohnheim? 140
    Einige Gedanken zur Anregung 140
    Wo ein Wille ist, ist auch ein Weg 141

GYMNASTIK 143

Nachwort 151

ANHANG
Literaturverzeichnis 154

Lieferantennachweise 156

Bildnachweise 157

Die Autoren 158

Vom Ursprung des Wortes „Garten"

Unser Wort „Garten" stammt aus dem Gotischen, einer ausgestorbenen germanischen Sprache. Darin bedeutet „garda" soviel wie „Gehege". Das war ein mit Gerten eingefriedetes Gelände für Nutzpflanzen, aber auch für Vieh. Althochdeutsch hieß es „garto", mittelhochdeutsch „garte".

Ähnliche Zusammenhänge erkennt man im Plattdeutschen: Da bedeutet „de tuun" Zaun, Hecke, aber auch Garten. Ebenso in der holländischen Sprache: Hier heißt Gartenbau: „Tuinbouw" (sprich: teunbau). Tuin ist der Zaun.

Diejenige Fläche, die vom Zaun umgeben ist, ist der Garten, also eine umfriedete Fläche. Sie ist ein mittels des Zauns vom Menschen geschützter, gestalteter, geformter, bearbeiteter Bereich für Pflanzen. Er ist nicht mehr unberührte Natur. Man kann ihn allenfalls naturnah gestalten und bewirtschaften.

Vertrauen und Zuversicht

Ja – Vertrauen und Zuversicht zeichnen diesen sichtlich nicht mehr ganz jungen Gärtner aus. Nennen wir ihn Oskar. Er ist sich ganz sicher, dass das untere Ende der Hängematte vom wachsenden und emporstrebenden jungen Bäumchen allmählich in die Höhe gehoben wird. (Wir übersehen hier großzügig, dass es aus botanischer Sicht so nicht ganz richtig ist.) Er begießt es, um sorgend nachzuhelfen. Eines Tages wird das linke Ende der Matte ebenso hoch sein, wie es das rechte schon ist. Und aus dem Bäumchen wird ein starker, kräftiger Baum geworden sein, der später die Hängematte und unseren Gärtner Oskar sicher darin tragen wird. Dann will Oskar darin ausruhen und genießen.

Diese schöne Zeichnung lässt uns schmunzeln. Aber zeigt sie uns nicht noch mehr? In jedem von uns Gärtnerinnen und Gärtnern steckt solche Zuversicht: Wenn wir im Frühjahr säen und pflanzen, sind wir voller Hoffnung und Gewissheit, auch die Ernte im Herbst zu erleben. All' unser Mühen im Garten ist auf dieses Ziel hin gerichtet. Das hält uns jung, auch wenn wir älter werden.

Eine unbekannte Diakonisse voller Gottvertrauen hat uns dieses schöne Bild hinterlassen, schon vor langer Zeit. Seien wir ihr dankbar dafür.

Vorwort

Dieses Buch will eine Lücke schließen. Es soll in der Öffentlichkeit das Bewusstsein über die Bedeutung des Gärtnerns im Alter stärken und durch gezielte Hinweise dazu beitragen, bei älteren Freizeitgärtnerinnen und -gärtnern die Freude am Garten zu erhalten und zu festigen. Es will nicht Neues erfinden, sondern gezielt Möglichkeiten und Erleichterungen aufzeigen und bekannt machen. Davon gibt es eine ganze Menge. Sie sind bisher aber nur unzulänglich unter dem Blickwinkel „Seniorentauglichkeit" wahrgenommen worden.

Manchmal schlummern Gedanken und Ideen im Kopf, ohne dass man selbst davon weiß. So war es mit dem Thema und dem Inhalt dieses Buches. Am Beginn stand eine Ausstellung anlässlich des „Tag des Gartens – Tag der offenen Tür" in dem traditionsreichen „Bildungs- und Beratungszentrum Gartenbau – Hessische Gartenakademie" in Kassel. Die Verfasser des Buches organisierten im Sommer 2000 eine Ausstellung zu diesem Thema und hatten damit großen Erfolg bei den Besuchern und bei der Berichterstattung in der Presse sowie im Rundfunk.

Bei der Ausstellung wurden Möglichkeiten aufgezeigt, wie Freizeitgärtnerinnen und -gärtner auch noch im dritten Lebensabschnitt ihrer oft liebsten Leidenschaft nachgehen können: dem Tätigsein, der Erholung, der Freude und Entspannung im Garten, auch dann noch, wenn die Körperkräfte nachgelassen haben.

Die Autoren konnten bei ihrer Arbeit auf kein anderes Werk zurückgreifen. Ihnen ist nicht bekannt, dass das gewählte Thema im deutschen Sprachraum jemals in einem Buch behandelt worden ist. So machten sie sich daran, sachdienliche Informationen zu sammeln und die sehr spärlich vorhandene Literatur in Fachzeitschriften zu sichten.

Vorwort

Ganz besonders wertvoll waren die Auswertung einer Fragebogenaktion, die hierzu eigens durchgeführt wurde und viele persönliche Gespräche mit älteren Freizeitgärtnern beiderlei Geschlechts. Die Autoren danken den fast tausend Personen, die dabei mitgewirkt haben. Sie beobachteten ihr eigenes Verhalten bei der Arbeit im Hausgarten und nutzten ihre fast vierzigjährige Berufserfahrung als Gärtner in der fachlichen Berufsbildung, der Beratung, Versuchsanstellung, Praxis und Freizeitgärtnerbildung.

Die Autoren sichteten das aktuelle Handelssortiment – wohl wissend, dass dabei Vollständigkeit nicht möglich ist – und legten eine Sammlung von Gartengeräten und -maschinen an, die ihrer Meinung nach besonders auch für ältere Freizeitgärtnerinnen und -gärtner geeignet sind. An diese Stelle danken die Autoren allen Herstellern und Fachgeschäften, die sie dabei großzügig unterstützt haben.

Dieses Buch wendet sich an Gartenfreunde, die sich bereits während langer Zeit im eigenen oder gepachteten Garten beschäftigen und mit zunehmendem Alter merken, dass manche der jahrelang ausgeführten Arbeiten sich nicht mehr so wie bisher erledigen lassen. Jeder im Garten Tätige wird für sich selbst bemerken und entscheiden, was zur Zeit noch geschafft werden kann. Aber auch jüngere Gartenfreunde sollen angesprochen sein, um für die Zukunft Anregungen zu erhalten und „fit zu werden oder zu bleiben". Sie als Leserin oder Leser haben die Jahre des Lernens vom Umgang mit Pflanzen lange hinter sich. Sie kennen die Schönheiten, Eigenschaften und Bedürfnisse von Blumen, Stauden, Ziergehölzen und vom Rasen. Sie wissen die Frische und die Schmackhaftigkeit von eigenem Obst, Gemüse und Kräutern zu schätzen. Ihnen ist die Bodenpflege ebenso wenig fremd wie die Kompostbereitung und die Bedeutung der vier Jahreszeiten, des Wassers und der Düngung. Sie haben Ihren persönlichen Stil zur Gartenpflege gefunden und können auf einen reichen Wissens- und

Vorwort

Erfahrungsschatz zurückblicken. Sie schwören auf Geheimrezepte und fachsimpeln mit dem Nachbarn über den Gartenzaun hinweg.

Deswegen vermittelt dieses Buch nur sehr vereinzelt gärtnerisches Fachwissen zum guten Gedeihen von Zier- und von Nutzpflanzen. Die Autoren wollen ja nicht „Eulen nach Athen tragen". Sie haben jedoch Ideen gesammelt und zusammengetragen, die das Gärtnern im Alter einfacher machen können. Diejenigen älteren Gartenfreunde, die erst seit kurzer Zeit einen Garten haben – es gibt sie –, sollten sich zusätzlich zu diesem Buch noch eines oder mehrere der zahlreich angebotenen Gartenbücher anschaffen, die die Grundlagen zum erfolgreichen Freizeitgärtnern vermitteln.

Den Autoren war wichtig, den Text durch aussagekräftige Bilder zu vervollkommnen. Sie konnten dabei nicht auf Fotos aus gewerblich angebotenen Dateien zurückgreifen, sondern mussten sie als fotografische Laien für ihre Vorstellungen zum größten Teil selbst anfertigen. Deshalb bitten sie darum, die manchmal nicht ideale Qualität zu entschuldigen und bei der Betrachtung und Bewertung die didaktische Aussagekraft der Bilder zusammen mit dem zugehörigen Text in den Mittelpunkt zu stellen. Die Autoren danken allen „Statisten" für die Fotos, die sich verständnisvoll, engagiert und geduldig vor die fotografische Linse gestellt und somit ganz wesentlich zum Gelingen des Buches beigetragen haben. Ganz besonders dankbar sind sie ihren beiden Ehefrauen Renate Hurka und Bärbel Milde für ihr Verständnis, ihre Rücksichtnahme, ihre Hinweise und ihr Mitwirken.

Dank gilt auch Frau Inge Knauff-Martyschock für ihren wertvollen Rat bei der Zusammenstellung der Gymnastikübungen.

Dr. Werner Hurka, Fuldabrück
Henning Milde, Guxhagen   Im Frühjahr 2002

Einführung

Einführung

Lust und Last des Gärtnerns im Alter

Vom Garten geht eine überaus große Faszination auf viele Menschen aus. Es ist nachgewiesen, dass Gartenbesitzer umso weniger ihren Garten aufgeben wollen, je älter sie sind und je länger sie ihn schon bewirtschaften.

> *„Ich besitze seit vierzig Jahren den Garten. Gartenarbeit ist für meine Frau und mich ein Ausgleich und zugleich unser Hobby. Gesundheitlich fühlen wir uns durch geteilte Arbeit sehr wohl"*,

schreibt ein über Sechzigjähriger aus Mainz.

Steigende Mühsal

Aber mit zunehmendem Alter wird die Arbeit im Garten, wie auch in anderen Bereichen, schwieriger. Gesundheitliche Probleme vielfältiger Art können zusätzlich mehr oder weniger früh oder spät auftreten. Je nach Naturell und auftretender Beeinträchtigung werden diese individuell unterschiedlich stark empfunden.

> *„Was man nicht aufgibt, hat man nicht verloren."*

Dieses Zitat haben sich offenbar Tausende von Freizeitgärtnern im dritten Lebensabschnitt zu eigen gemacht. Ob Pächter eines Kleingartens oder Eigentümerin eines Hausgartens, kaum eine Freizeitgärtnerin oder ein Hobbygärtner im fortgeschrittenen Alter will die Gartenarbeit missen oder beenden. Eine unbekannte Gartenfreundin im Alter zwischen 60 und 70 Jahren äußerte ihre Empfindungen wie folgt:

> *„Gartenarbeit ist für mich die allergrößte Freude. In psychischen Belastungen ist der Schrebergarten für mich die reinste Therapie. In meinem Garten bin ich glücklich. Ich ziehe die meisten Sommerblumen selbst an. Das Pflanzen und das Gestalten ist für mich eine schöpferische Tätigkeit, die mir tiefste Befriedigung verschafft. Hier spüre ich Gottes Schöpfung am meisten."*

Lust und Last des Gärtnerns

Sicherlich spricht diese Freizeitgärtnerin vielen anderen Menschen aus dem Herzen und aus der Seele. Umfassender kann man mit so wenigen Worten die vielseitige Wirkung von Betätigung im Garten auf Menschen wohl kaum beschreiben: Gartenarbeit schenkt Freude, ist Therapie, bringt Glück, ist schöpferische Tätigkeit, verschafft Befriedigung und lässt in seiner Wirkung Gottes Schöpfung spüren.

Welche Tätigkeit sonst, welcher andere Lebensbereich vermag so viel in sich vereinen? Wir kennen keine. In zahlreichen anderen Zitaten der Befragten werden Einzelaspekte des oben genannten Zitats immer wieder bestätigt. Sie treffen ganz offensichtlich auf sehr viele Gartenliebhaberinnen und -liebhaber im Seniorenalter zu und dürfen deshalb sicherlich verallgemeinert werden.

„Gott schafft dem Gärtner viel Last, aber auch viel Lust."

Die Leser und Leserinnen werden mit solchen Zitaten und Äußerungen vom Anfang bis zum Ende wie an einem roten Faden durch das Buch geführt. Vermutlich können sich viele andere in diesen Aussagen und Meinungen selbst entdecken. Vielleicht auch im Folgenden, das ein über 60-Jähriger aus Mainz schrieb:

> „Gärtnerische Pflanzenanzucht und -produktion sind Erfolgserlebnisse, die man sonst kaum hat, weil die berufliche Arbeit sehr arbeitsteilig ist. Im Garten läuft dagegen etwas Ganzheitliches ab: vom Samenkorn bis zum fertigen Salatkopf. Ein gärtnerisches Erfolgserlebnis gibt auch kranken Menschen wieder Mut: Das Heranwachsen einer Aussaat, die man noch selbst tätigen konnte oder der Beginn der Blüte bei Stauden oder Ziergehölzen."

Das gilt aber nicht nur in unserer Zeit. Schon im Jahrbuch 1898 der damals viel gelesenen illustrierten Wochenschrift „Der praktische Ratgeber im Obst- und Gartenbau für Gärtner, Gartenliebhaber und Landwirte" heißt es: *„Gott schafft dem Gärtner viel Last, aber auch viel Lust."*

Einführung

Titel einer Garten-Zeitschrift aus dem Jahre 1898.

Dieser Satz zeigt die beiden Seiten derselben Medaille. Offenbar überwiegen bei den jung gebliebenen Freizeitgärtnern von heute die Freude und die Lust. Die Last wird hingenommen, um die Gartenlust in all ihrer positiven Vielfalt zu erleben. Zahlreiche Aussagen auf weiter hinten in diesem Buch beschriebenen Fragebögen zum Thema Gartenarbeit bestätigen das immer wieder. Kaum ein Gartenfreund will auf seine Tätigkeit im Garten vollständig verzichten. Das hat die Auswertung der Fragebögen detailliert und vielseitig gezeigt. Es werden lediglich individuell unterschiedliche Einschränkungen gemacht und hingenommen. Für manche Gartenfreundin steht permanent die Erzeugung von Nahrungsmitteln – Obst und Gemüse – im Vordergrund des Gärtnerns. Für andere der ästhetische Aspekt, der zur Anschauung, Zierde, Erholung und Entspannung dienende Bereich, für viele das Naturerleben. Oder man strebt ein ausgewogenes Verhältnis zwischen allem an.

Wenn hier vom Garten geschrieben wird, ist immer auch das Tun darin, das Gärtnern gemeint. Gartenarbeit wird verstanden als das Heranziehen und das Pflegen, das Sich-Beschäftigen mit den kleinen und großen Pflanzen, das Ernten und auch die Gestaltung.

Lust und Last des Gärtnerns

Im üblichen Sinn dient Arbeit dem Broterwerb, der Beschaffung von Geld für den Lebensunterhalt. Zu manchen Zeiten, oft in schlechten während oder nach Kriegen, war der Besitz eines Gartens unabdingbar, um einen Teil der notwendigen Nahrungsmittel zu bekommen. Viele der heute Alten erinnern sich noch sehr gut an die Jahre nach 1945. Und in ihren heutigen Verhaltensweisen im Garten schwingt diese schwere Zeit noch nach. Im allgemeinen besteht in Mitteleuropa gegenwärtig jedoch nicht unbedingt die Notwendigkeit, Obst und Gemüse im Garten selbst heranzuziehen, denn alles ist käuflich. Aber Gartenarbeit entzieht sich weitgehend der ausschließlich rationalen Denkweise. „Die Freude an allem, was wächst" ist eben bestimmend.

Garten kann süchtig machen
Was macht denn den Garten für ältere Menschen so faszinierend?

Es ist der Anblick des Ganzen und des Details,
des Großen und des Kleinen, die körperliche Betätigung,
die oft auch anstrengend ist, zugleich aber der Gesundheit und dem Wohlbefinden dient.
Das Erleben mit allen Sinnen, das Hören der Vogelstimmen, das Betrachten der Blumen, das Schmecken des Obsts, das Ertasten der Erde, das Spüren des Wetters, das Erleben der Jahreszeiten.
Erholung, Entspannung, Familie groß und klein,
mit Freundinnen und Freunden zusammen sein.

Garten und Gartenarbeit sind ein verwobenes Geflecht, ein Komplex. Sowohl das Einzelne als auch das Ganze machen die Faszination aus.

Für eine Gartenfreundin aus dem Großherzogtum Luxemburg wäre im Fall des Fehlens des Gartens „…de Summer ganz schlöm" (der Sommer ganz schlimm). Sicherlich geht es vielen anderen ebenso, denn andernfalls fehlten ja die oben genannten „Glücksbringer".

Einführung

„Die Gartenarbeit macht Freude, schafft Glücksempfinden, bringt Spaß, ist Genuss am Gartengrün, ist mein Hobby und wirkt wie ein Jungbrunnen."

„Das Erleben vom Wachsen und vom Blühen gibt viel Kraft und Entspannung."

Das Feiern von Festen und das Beisammensein mit Freunden und Bekannten spielt bei den über 60 Jahre alten Gartenbesitzern anders als bei jüngeren keine so große Rolle (Renate Köcher, Garten und Glück, Hrsg. Deutsche Gartenbaugesellschaft, 1999). Für Ältere sind also eher die individuellen Erlebnisse und Empfindungen wichtig, die leisen Töne, nicht so sehr das Gemeinschaftserlebnis in großer Runde und das Feiern. Gartenarbeit ist für Ältere in hohem Maß ein dem Gemüt zugehöriges, ein emotionales Erleben. Somit besteht eine große Motivation von innen heraus. Es bedarf kaum eines Antriebs von außen her, um im Garten tätig zu sein.

Aber zweifellos ist auch richtig, was ein Gartenfreund im Alter zwischen 60 und 70 Jahren äußert:
„Die Gemeinschaft im Gartenverein ist für mich eine wichtige soziale Komponente, auch Treffpunkt mit den Enkeln und Kindern."

Leider ist man ja als älterer Mensch körperlich nicht mehr so leistungsfähig wie in jüngeren Jahren.
„Alles in allem ist man doch mittlerweile recht schlappohrig geworden. Alles geht langsamer und schneller geht die Puste aus…"
beschreibt mit Leib und Seele – sicherlich für viele zutreffend – unumwunden eine über 75 Jahre alte Freizeitgärtnerin aus der Nähe von Berlin ihr körperliches Befinden während und nach der Pflege des Gartens.

Die Bedeutung des Gärtnerns

Viele Gartenliebhaberinnen und -liebhaber haben den Autoren gegenüber ihre ganz persönlichen Empfindungen zum Gärtnern geäußert und die Bedeutung des Gartens für sich selbst hervorgehoben. Man kann mehrere verschiedenartige Aspekte dieser Äußerungen unterscheiden. Wir haben sie wie folgt zusammengefasst und geordnet:

Die Bedeutung des Gärtnerns

Freude und Spaß
1. Gartenarbeit macht Spaß.
2. Gartenarbeit macht mir immer noch sehr viel Freude.
3. Trotz altersmäßiger Beschwerden macht es noch Freude. Wir möchten die Gartenarbeit nicht missen.
4. Ich bin froh, noch Garten und Blumen zu haben, trotz Knieoperation.
5. Gartenarbeit ist für mich eine volle Entspannung.
6. Gartenarbeit war meine größte Freude, aber leider geht es wegen meines Alters nicht mehr so gut.
7. Das Arbeiten im Garten macht mir trotz allem noch immer viel Spaß.
8. Trotz einiger Beschwerden bin ich glücklich, einen Garten zu besitzen.
9. Ich betrachte die Gartenarbeit als Hobby.
10. Der Garten ist mein Leben.

Fitness
1. Gartenarbeit hält fit.
2. Gartenarbeit ersetzt das Fitness-Studio.
3. Körperliche Arbeit ist größter Nutzen im Garten.
4. Rückenschmerzen nach einer längeren Autofahrt verschwinden bei der Bewegung im Garten.

Anpassung an das Alter und Hilfe von außen
1. Die Gartenarbeit soll keine Quälerei sein. Daher soll man sie rechtzeitig dem körperlichen Befinden anpassen.
2. Der Garten darf nicht zur Last werden. Man muss rechtzeitig aufhören können. Man muss für gute Mithilfe sorgen können.
3. Ohne kräftige Hilfe von außerhalb könnte ich meinen wunderschönen 1000 m² großen Garten nicht beibehalten.
4. Die Beschwerden hängen wesentlich von der Länge des Einsatzes ab. Ich arbeite nur 4 Stunden je Tag im Garten. Abhilfe: Zuerst schwere Arbeiten, dann die leichteren.

Einführung

„Der Garten und die damit übernommenen Aufgaben haben uns den Übergang vom Berufsleben in den Ruhestand erleichtert."

„…wir können jetzt auch die Erfolge im Garten besser genießen. Untätigkeit haben wir angesichts der Gartenarbeit ohnehin nie angestrebt. Dazu lieben wir alles, was wächst, viel zu sehr."

Nahrung und Verzehr

1. Es ist sehr angenehm, geerntetes Obst oder Gemüse sowie Kartoffeln aus dem eigenen Garten zu verbrauchen.
2. Die meiste Freude macht das Ernten giftfreier Erzeugnisse.

Das sind einige der Gründe für ältere Menschen, im Garten tätig zu sein. Dazu kommt, dass sich alte Menschen nach ihren eigenen Aussagen durch die Gartenarbeit körperlich fit halten, wie auch eine Untersuchung des Instituts für Demoskopie Allensbach zeigt.
(Renate Köcher, Garten und Glück, Hrsg. Deutsche Gartenbaugesellschaft 1999, S. 10.)

Ausscheiden aus dem Beruf

„Ab 45 Jahren gehört man im Berufsleben zum alten Eisen."

Diese teils provozierende, teils der Wirklichkeit entsprechende Aussage fiel in einer Diskussionsrunde mit namhaften Experten, Fachleuten und Betroffenen, die am 6. Dezember 2001 vom Hessischen Fernsehen ausgestrahlt wurde. Thema war das zur Zeit gesellschafts- und arbeitspolitisch brisante Thema der häufig allzu frühzeitigen Verrentung – oder sollen wir Abschiebung sagen? – leistungsfähiger und leistungsbereiter Frauen und Männer.
Es ist nicht wichtig, ob das genannte Lebensalter genau zutreffend ist, oder ob 50 oder 55 Jahre die Grenze sind, um zum „alten Eisen" zu gehören. Vielmehr wird lediglich verdeutlicht, dass das Ausscheiden aus dem Berufsleben – von den Betroffenen sehr oft ungewollt – zur Zeit eher deutlich unter 60 Jahren als darüber liegt.
Gleichzeitig nimmt die Lebenserwartung ständig zu. Nach Aussage der Altersforscherin und ehemaligen Familienministerin Professor Ursula Lehr in der oben

Ausscheiden aus dem Beruf

genannten Sendung beträgt sie für Frauen bei uns gegenwärtig 82 und für Männer 78 Jahre, Tendenz steigend.

Wenn man beide Sachverhalte miteinander verknüpft, wird deutlich, dass der Ruhe- oder der „Unruhe"-stand zwischen dem Ende der Berufsarbeit und dem Lebensende ständig mehr Jahre umfasst. Zwei oder sogar drei Jahrzehnte können es sein, ein Viertel oder gar ein Drittel des gesamten Lebens. Hiermit vergleichbar ist auch die Situation, sobald die Kinder aus dem Haus sind.

Frauen werden – wie oben erwähnt – im Durchschnitt vier Jahre älter als Männer. Ehefrauen sind zudem sehr oft einige Jahre jünger als ihre Männer. Wenn man unterstellt, dass sie vier Jahre jünger sind, so ergibt sich rechnerisch eine Differenz von acht Jahren zwischen dem Tod des Mannes und dem Tod der Witwe. Sie überlebt den Mann also um durchschnittlich acht Jahre, ein Zeitraum, in dem die Frau oft auch weiterhin im Garten gerne noch tätig sein und Freude haben möchte. Deshalb sollten sie rechtzeitig noch zu beider Lebzeiten im Garten die angemessenen Vorkehrungen für Arbeitserleichterungen treffen.

Wenn viele vom frühzeitigen Berufs-Ruhestand Betroffene anfangs zwar noch agil, reisefreudig, unternehmungslustig, gesund, körperlich noch leistungsfähig und voller Tatendrang sind, so kommt doch allmählich oder manchmal auch abrupt die Zeit, da der Bewegungskreis enger wird und die Kräfte nachlassen.

Dann werden der Garten am Haus oder der Kleingarten in einiger Entfernung immer wichtiger für das seelische Wohlbefinden und für die Verzögerung des körperlichen und geistigen Alterungsprozesses. Der Stellenwert des Gartens steigt an.

Ein von jüngeren Menschen nur sehr selten bedachtes wichtiges Ereignis im Alter greift die achtzigjährige Freizeitgärtnerin aus Leidenschaft Charlotte Ottens auf, wenn sie schreibt:

Einführung

„Die Beweglichkeit wird für die meisten von dem Tag an abrupt erschwert, an dem der Führerschein endgültig ad acta gelegt wird."
(Aus: „Gärten für Alte?", Gartenpraxis 1/1990, S. 26–30)

Wie viele der Leserinnen und Leser dieses Buches haben jenes Ereignis bereits erlebt? Wie viele ältere Führerscheinbesitzer haben schon vorausschauend an diesen Tag gedacht? Wir wissen es nicht. Wie wird man dann den Schrebergarten oder das Grab eines lieben Angehörigen auf dem entfernten Friedhof erreichen können? Für viele Ältere ist das zu pflegende Grab ein Miniaturgarten.

Aus den zahlreichen Zitaten einer Umfrage der Autoren ist ganz offensichtlich geworden, welche vielfältigen positiven Wirkungen das Verweilen und die Tätigkeiten im Garten bei Senioren auslösen, und wie ältere Gärtnerinnen und Gärtner ihr kleines Paradies empfinden.

„Ältere Leute können auch sehr traurig werden, wenn sie den geliebten Garten nicht mehr bewältigen können und dieser verwildert. Dann kann es für die Angehörigen zu einer „therapeutischen Pflicht" werden, den Garten zu erhalten. Die im Garten beobachteten biologischen Kreisläufe von Jugend- zu Altersstadien können für Menschen, die sich in seelischer Balance befinden, auch eine Akzeptanz für das eigene Alter hervorrufen."
So äußert sich sehr ernsthaft ein Gärtner im siebten Lebensjahrzehnt, der diese beschriebene Situation mit dem eigenen Vater erlebt hat.

Aber manche sehnen sich vielleicht auch danach, den eigenen Hausgarten nicht mehr pflegen zu müssen. Das darf man nicht ignorieren. Pächterinnen und Pächter von Gärten können den Pachtvertrag lösen. Eigentümer von Hausgärten sind eher an den Garten „gefesselt", solange sie als ältere Person alleine im Haus wohnen, was durchaus keine Seltenheit ist, und unserer Einschätzung nach zukünftig noch häufiger sein wird.

Es ist daher nur konsequent, sich mit der Gartenarbeit im Alter zu befassen, und nach Lösungen zu suchen, wie das Glücksgefühl beim Gärtnern trotz steigender Mühsal für möglichst viele Menschen und möglichst lange altersgerecht bewahrt werden kann.

Methodischer Ansatz

Ein Buch über das Gärtnern im Alter und den altersgerecht gestalteten Garten zu schreiben, ist ein wagnisbeladenes Unterfangen. Vielleicht ist das ein Grund, weshalb es nach unserem Wissen noch kein deutschsprachiges Werk zu diesem Thema gibt. War die Zeit noch nicht reif? Man mag es kaum glauben.

Die Verfasser dieses Buches sind nicht mehr jung, aber auch noch nicht alt. Als Endfünfziger können sie sich vielleicht als Jungsenioren bezeichnen.
Wie können sie es wagen, sich aufs Glatteis zu begeben und über das Gärtnern im Alter zu schreiben, obwohl sie selbst noch keine „richtigen" Alten sind? Reichen dazu die eigenen Kenntnisse nach 35 beziehungsweise 40 gärtnerischen Berufsjahren und den Erfahrungen aus dem eigenen Hausgarten aus? Sie haben sich das wiederholt selbstkritisch gefragt.
Die Frage muss zum Teil unbeantwortet bleiben. Nur diejenigen Gartenfreundinnen und -freunde werden abschließend und überzeugend darüber urteilen können, die deutlich älter sind. Sie allein können das Buch kompetent bewerten.

Hinweise von alten Menschen können *„helfen, mehr methodische Aspekte zu entwickeln"*, wie es Charlotte Ottens bereits 1990 schrieb und forderte („Gärten für Alte?", Gartenpraxis 1/1990, S. 26–30). Sie fügte überzeugend hinzu:

Einführung

„...Für uns Alten bleibt das persönlich Erlebte bestimmend. Jeder sieht die Probleme, Sorgen und Besorgnisse durch seine eigene Brille."

Die Autoren haben die Empfehlungen zum methodischen Ansatz aufgegriffen und umgesetzt.

Erfolgreiche Befragung

Wir haben einen Fragebogen zusammengestellt, dessen Auswertung uns vielerlei nützliche Hinweise gab und wichtige Zusammenhänge offen legte. Besonders aufschlussreich waren freiwillig hinzugefügte Anmerkungen über die ganz persönliche Bedeutung des Gartens. Wenn man Freizeitgärtnern im dritten Lebensabschnitt konkrete und weitgehend verallgemeinerbare Hinweise und Hilfen zur Erleichterung der Gartenarbeit geben will, muss man herausfinden, welche Tätigkeiten im Garten körperliche Beschwerden verursachen, und welcher Art die Beschwerden sind.

Die Antworten haben Pächterinnen und Pächter von Kleingärten sowie Inhaberinnen und Inhaber von Hausgärten geliefert. 815 Frauen und Männer nahmen daran teil. 18% waren über 70 Jahre alt, 40% zwischen 60 und 70 Jahren, 28% zwischen 50 und 60 Jahren, 14% unter 50 Jahren. 61% waren Männer, 39% waren Frauen.

Die Antworten stammen aus verschiedenen Gegenden Deutschlands: Überwiegend aus Nordhessen im Großraum Kassel, aber viele auch aus Sachsen, dem Rhein-Main-Gebiet, Unterfranken sowie aus dem Ruhrgebiet und Berlin. Zahlreiche Bögen wurden im Großherzogtum Luxemburg ausgefüllt. Unsere guten Kontakte in unserer beruflichen Tätigkeit für Freizeitgärtner in der Hessischen Gartenakademie, Standort Kassel, machten die breite Streuung der Fragebögen möglich. Allen, die mitgewirkt haben, gilt unser Dank.

Ganzheitlicher Ansatz

Ziel der Befragung war es, verlässliche Informationen darüber zu erhalten, ob und gegebenenfalls
- welche Körperhaltungen und Bewegungen bei der Gartenarbeit eventuell beschwerlich sind
- welche Körperteile während oder nach dem Gärtnern schmerzen
- welche Arbeiten mit Gartengeräten Mühe machen
- welche weit verbreiteten Maschinen Beschwerden hervorrufen

Mit diesen empirisch gewonnenen Erkenntnissen war es möglich, weitgehend verallgemeinerbare Ansatzpunkte für Hilfen aufzuzeigen und Strategien abzuleiten, die geeignet sind, die Körperbeschwerden vorbeugend zu mildern, zeitlich hinauszuschieben, erträglicher zu gestalten oder vielleicht sogar gänzlich zu verhindern.

Den in der Umfrage als beschwerlich genannten Tätigkeiten wurden die Beschwerden auslösenden Gartengeräte zugeordnet. Denn Geräte und Tätigkeit bilden ja eine Einheit. Umgekehrt haben die Autoren nach konstruktiven Verbesserungen bei den Werkzeugen, Geräten und Maschinen Ausschau gehalten. Dadurch war es möglich, aus dem Angebot des Fachhandels gezielt solche altbewährten und neu entwickelten Geräte herauszusuchen, die nach Meinung der Autoren geeignet sind, die Beschwerden in abgeschwächter Intensität oder gar nicht aufkommen zu lassen. Die Autoren haben die Ergebnisse ergänzt durch Hinweise, Tipps, Methoden und durch Aufzeigen sinnvoller Verhaltensweisen während der Arbeit.

Ganzheitlicher Ansatz

Eine Einzelmaßnahme zur Erleichterung ist nur unvollkommen. Ein ganzheitlicher Ansatz ist notwendig. Verschiedenartige Maßnahmen ergänzen sich gegenseitig und bringen deshalb – wie sagt man doch heute so gerne – Synergiewirkungen, die sich gegenseitig unter-

Einführung

stützen. Nur in ihrer Vielzahl, ihrer Gesamtheit schaffen sie die angestrebte Erleichterung. Das sollte man sich beim Lesen des Buchs stets vor Augen halten.

Die im Buch beschriebenen intelligenten Arbeitstechniken, die Arbeitsgeräte und -maschinen sowie die anderen Hinweise und Ratschläge bringen dem älteren Gartenfreund keine grundsätzlichen Vorteile, die ausschließlich für das Alter geeignet sind. Doch sie können erhebliche graduelle Erleichterungen bewirken. Die Verbesserungen bei Maschinen und Geräten, eine gezielte Pflanzenauswahl und die durchdachte Gartengestaltung, die Wert legt auf Verminderung und Vorbeugung von Erschwernissen bei der Gartenarbeit, helfen selbstverständlich auch jüngeren Menschen. Aber für ältere sind sie eben besonders empfehlenswert und wirken besonders stark.

Jüngere Gartenfreunde werden durch dieses Buch frühzeitig auf die kommenden Beschwernisse aufmerksam gemacht. Sie können sich rechtzeitig darauf einstellen und dementsprechend handeln und vorsorgen.

Intelligente Arbeitstechniken

Die Umsetzung der folgenden Hinweise kostet kein Geld. Man braucht nichts neu anzuschaffen. Mancher muss lediglich sein Verhalten ändern, sofern sie oder er es noch nicht getan hat.

Intelligente Arbeitstechniken

Das Umgraben ist besonders mühsam

Das Umgraben des Bodens wurde in den Fragebögen am häufigsten als Auslöser von Schmerzen, insbesondere von Rückenschmerzen genannt. Durchschnittlich 63 % der Frauen und 55 % der Männer haben demnach während oder nach dem Umgraben regelmäßig Rückenschmerzen.

Der Rücken tut durchschnittlich 60 Prozent der Frauen und 49 Prozent der Männer während oder nach der Gartenarbeit weh.

Das Umgraben macht Beschwerden
(Angaben in Prozent)

	Altersklassen in Jahren				
	Über 70	60 bis 70	50 bis 60	Unter 50	Durchschn.
Frauen	66	67	65	49	63
Männer	65	56	57	37	55

In aller Regel übernehmen Männer diese nicht nur für Alte, sondern auch für Junge körperlich schwere Arbeit. Wir dürfen aber die zahlreichen Witwen nicht vergessen, die hierbei häufig auf sich allein gestellt sind. Der Rücken tut durchschnittlich 60 % der Frauen und 49 % der Männer während oder nach der Gartenarbeit weh.

Wenn man sich die Karikatur aus dem kleinen, sehr amüsant zu lesenden Buch „Das Jahr des Gärtners" des tschechischen Gartenliebhabers Karel Čapek ansieht, kann man das sehr leicht nachvollziehen.

Nach Altersklassen aufgeschlüsselt nehmen die Beschwerden bei Frauen mit steigendem Alter zu, wie nicht anders zu erwarten ist. Weshalb das bei Männern gemäß der Umfrage-Ergebnisse nicht so ist oder sein soll, bleibt unerklärlich.

Das Umgraben ist besonders mühsam

Von Rückenschmerzen Betroffene
(Angaben in Prozent)

	Altersklassen in Jahren				
	Über 70	60 bis 70	50 bis 60	Unter 50	Durchschn.
Frauen	71	60	56	53	60
Männer	45	50	54	38	49

Die Ergebnisse zeigen, dass Abhilfe besonders nötig ist. Alles, was hier Linderung schafft, hilft, die Freude am und im Garten zu behalten.

Folgende Erleichterungen sind möglich:
1. Das Umgraben durch andere machen lassen, die dazu noch besser in der Lage sind.
2. Die Grabelandfläche verkleinern.
3. Den Boden seltener umgraben.
4. Das Umgraben durch das eventuell weniger anstrengende Aufreißen mit einem Krail (Vier- oder Dreizahn) oder einem Kultivator ersetzen.
5. Den Boden durch intelligente kulturtechnische Maßnahmen möglichst locker halten, zum Beispiel durch Gründüngungspflanzen, Kompost und Kalk. Das Wenden mit dem Spaten ist dann einfacher.
6. Leichtere und kleinere Spaten einsetzen, so genannte Damenspaten.
7. Das Graben nur bei idealem Feuchtezustand des Bodens durchführen, wenn er nicht zu trocken und nicht zu nass ist.

Das Umgraben durch andere machen lassen, die dazu noch besser in der Lage sind? Ja, uneingeschränkt ja. Aber leider fehlen solche hilfsreichen Zeitgenossen oft. Die folgende erdachte Geschichte zeigt, wie es vielleicht ablaufen könnte:
„Mein Sohn Klaus – mittlerweile auch schon im besten Mannesalter – ist zwar hilfsbereit, doch leider wohnt er 200 km entfernt. Der kommt nicht zum Umgraben. Er schlägt stattdessen vor, den bekanntlich hilfsbereiten Nachbarn Jupp zu bitten. Aber, ach nein, das will ich

Intelligente Arbeitstechniken

Auf verkleinerter Fläche ist man eher mit dem Umgraben fertig, und die Rückenschmerzen dauern weniger lange an. Obendrein vermindert man die Probleme bei der Verwertung einer üppigen Ernte.

nicht. Oder sollte ich es doch einmal wagen? Vielleicht tut er es? Und neulich hat sich mein Freund Seppl angeboten. Aber der erledigt diese „heilige" Handlung des Umgrabens für mich sowieso nicht zufriedenstellend. Die Furchen sind ständig krumm, die Oberfläche ist am Ende eine hügelige Landschaft. Nach einer Viertelstunde muss er etwas dringendes erledigen und verspricht sein Wiederkommen für übermorgen. Aber – oh Graus – dann regnet es sicher. (Oder tat ihm vielleicht selbst der Rücken weh?)

Also muss ich mich wie im vergangenen Jahr seufzend wieder selbst ans Werk machen, aber: Ich könnte doch die Grabelandfläche verkleinern."

Das ist eine gute Idee! So viele Esser sind ohnehin nicht mehr zu Hause. Das reichlich und dank der jahrzehntelangen Erfahrungen in guter Qualität herangewachsene Gemüse ist oft in zu großen Mengen vorhanden und kann weder frisch gänzlich aufgegessen noch vollständig eingefroren, eingeweckt, getrocknet, eingelegt oder zum köstlichen Sauerkraut verarbeitet werden.

Also: Auf verkleinerter Fläche ist man eher mit dem Umgraben fertig und die Rückenschmerzen dauern weniger lange an. Obendrein vermindert man die Probleme bei der Verwertung einer üppigen Ernte.

> *„Meine Frau will das viele Gemüse und Obst nicht mehr verarbeiten, zum Beispiel Porree, Stachelbeeren und Kohlrabi",*

bemerkt ein Gärtner, zwischen 60 und 70 Jahre alt.

Wem die Flächenverkleinerung – noch – nicht so recht passt, der könnte das nicht selbst benötigte Gemüse ja auch verschenken. Aber leider verringern sich die Rückenschmerzen beim Umgraben dadurch gewiss auch nicht, aber man könnte doch den Boden seltener wenden als in der Vergangenheit.

> *„Umgraben gibt's nicht bei unserem Sandboden, nur Lockerung per Grabegabel, Sauzahn."*

Das Umgraben ist besonders mühsam

So schreibt ein Gartenfreund zwischen 60 und 70 Jahren auf seinen Fragebogen.

Das ist in vielen Gärten sicherlich möglich, insbesondere auf leichten, sandigen Böden. Anstatt des Grabens – vielleicht nur jedes zweite Mal – reicht das Lockern mit einem Krail, auch Vierzahn genannt, aus. Die dazu nötige Kraft ist kleiner und die Körperhaltung weniger belastend, die Beanspruchung von Rücken und Schultern geringer. Das heißt, die beim Umgraben auftretenden körperlichen Beschwerden fallen seltener an, wenn man zum Beispiel jedes zweite Mal mit dem Krail lockert statt mit dem Spaten gräbt.

Vielleicht haben Sie einen leichten Boden, der es ohne Beeinträchtigung seiner Fruchtbarkeit sogar auf Dauer verträgt, ausschließlich mit dem Krail gelockert zu werden. Der Nutzen des Bodenwendens durch das Umgraben ist ohnehin manchmal umstritten. Es gibt zahlreiche ernst zu nehmende Befürworter für das Hacken anstelle des Wendens, weil die Bodenstruktur beim Lockern durch das Hacken weniger gestört wird. Fein-, Mittel- und Grobporen sowie Regenwurmgänge bleiben länger erhalten. Dadurch kann die Durchwurzelung eventuell besser sein.

Die richtige Spatenwahl

Dieses Buch setzt bewusst nicht die Diskussion darüber fort, ob Gemüseland umgegraben oder lediglich gelockert werden soll, auch nicht, ob es im Herbst oder im Frühjahr zu erledigen ist. Für beide Entscheidungen gibt es vernünftige Argumente. Es entspräche jedoch nicht dem Anliegen der Autoren, wenn die Diskussion hier aufgegriffen würde. Die folgenden Ausführungen sollen vielmehr denjenigen Freizeitgärtnerinnen und -gärtnern eine Hilfe sein, die sich bis jetzt für das Umgraben entschieden haben.

Bekanntlich werden Spaten in unterschiedlicher Blattgröße angeboten, das heißt, sie unterscheiden sich in

Intelligente Arbeitstechniken

Für diesen 187 cm großen Freizeitgärtner ist der Spaten zu kurz und verursacht auf Dauer Rückenschmerzen.

Der Stiel reicht fast bis zur Achsel. Er ist zu lang.

den Abmessungen des Blattes. Kleine Spaten, manchmal auch Damenspaten genannt, haben beispielsweise die Abmessungen 16 cm Breite x 23 cm Länge = 368 cm² Fläche. Das sind nur 72 % Fläche im Vergleich zu einem mittelgroßen bis großen Spaten mit zum Beispiel 19 cm x 27 cm = 531 cm². Mit dem kleinen Werkzeug kann man nur kleinere Schollen wenden. Also sind je Wendevorgang das Gewicht der Schollen und der nötige Kraftaufwand geringer. Die Arbeitserledigung dauert aber länger.

Vergleich von zwei unterschiedlichen Spaten

Spatengröße	Blattbreite	Blattlänge	Blattfläche
klein	16 cm	23 cm	368 cm², 72 %
mittelgroß bis groß	19 cm	27 cm	531 cm², 100 %

Wichtig ist auch die Stiellänge. Grabegeräte wie Spaten und Grabegabel sind in der Länge körpergerecht, wenn sie bis zur untersten Rippe der Arbeitsperson reichen. Die Bilder zeigen an zwei sehr unterschiedlich großen Personen von 172 beziehungsweise 187 cm, dass es nicht gleichgültig ist, welche Stiellänge das Grabegerät hat.
Mit dem kurzen Spaten muss sich die großgewachsene Person zu tief beugen, was auf Dauer zu Rückenschäden führen wird.

Für die kleinere Person ist der lange Stiel zu unhandlich. Damit werden das Graben und das Wenden zur Last, zu mühsam.

Die folgenden Beispiele zeigen, wie unterschiedlich schwer Spaten sein können: Ein neuer Spaten von Fiskars mit gehärtetem Aluminiumblatt wiegt nur 0,91 kg. Er ist auf leicht zu bearbeitenden, sandigen Böden und auch auf schwereren, gepflegten Böden gut brauchbar. Er hat eine Tragkraft von 80 kg. Sein Stiel ist 112 cm lang. Ein eigener „Damenspaten" mit Holzstiel für den Einsatz auf einem gut gepflegten, mittelschweren Boden wiegt 1,78 kg.

Gründüngung erleichtert das Graben

Ein robusterer Spaten mit einem durch Kunststoff ummantelten Metallstiel (ebenfalls von Fiskars) wiegt 2,04 kg. Seine Tragkraft ist mit 120 kg angegeben. Sein Stiel ist 124 cm lang.

Ergonomisch geformter Spatenstiel.

Ein Rodespaten für kommerziellen Einsatz im Gartenbau hat ein Gewicht von 2,27 kg

Gründüngung erleichtert das Graben

Das Umgraben ist bekanntlich beschwerlich. Unsere Befragung bestätigte das ja sehr deutlich. Ein wichtiger Aspekt ist dabei die Bodenbeschaffenheit. Sie kann auf verschiedene Weise vorteilhaft beeinflusst werden, so dass das Umgraben leichter wird. Wir kennen alle die günstige Wirkung von Gründüngungspflanzen auf die Bodengare. Sie fördern unter anderem die Anzahl der nützlichen Regenwürmer, den Wasser- und den Lufthaushalt des Erdreichs, und als Folge davon das Wachstum unserer Gemüsepflanzen und Blumen.

Gründüngungspflanzen helfen uns aber indirekt auch beim Umgraben insofern, als sie der Verschlämmung vorbeugen, ihre Wurzeln den Boden lockern, locker halten und die Krümelbildung begünstigen. Der notwendige Kraftaufwand zum Wenden der Bodenschollen ist somit merklich geringer, als wenn der Boden vorher nicht mit solchen Pflanzen bestellt war, sondern ungeschützt brach lag. Das gilt insbesondere für mittelschwere und schwere lehmig-tonige Böden. Unabhängig von den Gründüngungspflanzen sollten solche Böden zur Verbesserung regelmäßig mit Kompost und Kalk versorgt werden.

Spatenlänge und Personengröße passen zueinander.

Spaten mit Aluminiumblatt für leichte Böden. Er wiegt nur 0,91 kg.

Intelligente Arbeitstechniken

Gründüngung für den Herbst und Winter

Das Samenangebot im Fachgeschäft für die Gründüngung ist groß: Sonnenblumen, Buchweizen, Leguminosen wie Lupinen, Ackerbohnen, Feld- und Futtererbsen, Wicken. Auf Pflanzen aus der Familie der Kreuzblütler wie Ackersenf sollte man verzichten, weil meistens Kohlarten und andere Kreuzblütler sowieso zum gewöhnlichen Gemüsesortiment gehören. Diese Auswahl wäre zu einseitig, Krankheiten und Bodenmüdigkeit würden gefördert.

Weizensamen zur Gründüngung.

Nur selten wird auf eine sehr preisgünstige Pflanzengruppe hingewiesen: Auf Roggen, Winterweizen oder andere Getreidearten. Ungebeizter Winterroggensamen ist zum Beispiel im Spätsommer nach der Ernte in Mühlen und im Futtermittelhandel auch in losen Kleinmengen erhältlich, so jedenfalls ist die Erfahrung der Autoren. Er läuft nach der Saat schnell und sicher auf und bildet viel Grünmasse. Winterweizensamen kostet nur ungefähr 0,50 Euro je kg. Diese Menge reicht für mehrere Quadratmeter. Als Pflanzen, die zur Familie der Gräser gehören, bildet er ein gutes Wurzelwerk aus. Alle unsere Gemüsepflanzen einschließlich der Kartoffeln und der Erdbeeren gehören anderen Pflanzenfamilien an, wenn man vom Zuckermais absieht.

Wenn als Gründüngungspflanzen solche aus der Familie der Gräser gewählt werden, durchbricht man die einseitige, nachteilige Konzentration auf einige wenige andere Pflanzenfamilien, was der Bodengesundheit dient. Für das Umgraben im November/Dezember kann man das Getreide ungefähr Anfang September säen. Wenn der Boden erst im Frühjahr gewendet werden soll, darf im Herbst nicht zu zeitig gesät werden. Andernfalls wird der Roggen bis zum Frühling zu hoch.

Aussaat von Winterweizen – eine preiswerte und sinnvolle Form der Gründüngung.

Falls das doch einmal geschehen sollte, kann man ihn aber problemlos mit dem Rasenmäher kürzen oder auf kleinen Gründüngungsflächen mit der Handheckenschere abschneiden. Das Schnittgut kann gleichmäßig

Gründüngung erleichtert das Graben

verteilt liegen bleiben und wird beim Graben mit eingearbeitet. Die Verwendung von Roggen zur Gründüngung und als Folge davon zur Arbeitserleichterung beim Umgraben ist sehr zu empfehlen.

Gründüngung für den Sommer

Eine seit langem gut bekannte und empfehlenswerte Gründüngungspflanze ist Phacelia tanacetifolia, zu deutsch Büschelschön, aus der Familie der Wasserblattgewächse (Hydrophyllaceen). Sie stammt ursprünglich aus Nordamerika. Sie keimt sicher, ist schnellwachsend und mit ihren attraktiven blauen Blüten im Sommer eine gute Bienenweide. Für 10 m^2 benötigt man ungefähr 15 bis 20 g.

Phacelia eignet sich zur Gründüngung und erleichtert das Umgraben.

Und an noch etwas sei erinnert, obwohl wir wissen, dass unsere Leserinnen und Leser die Zusammenhänge kennen: Wenn das Graben bei idealem Feuchtezustand durchgeführt wird, ist es weniger anstrengend, als wenn der Boden nass und schwer oder trocken und hart ist.

Fazit: Ganz im Sinne der weiter vorne aufgestellten Forderung nach dem ganzheitlichen Ansatz gilt es, mehrere der genannten Erleichterungen miteinander zu verbinden. Die folgende Zusammenfassung sollten Sie aber doch nicht zu ernst nehmen:

> *Mit dem kleinen Damenspaten wird die eingeschränkte Fläche des ideal feuchten Bodens, der mit Gründüngungspflanzen locker gehalten wurde, zukünftig seltener als in den vergangenen Jahren umgegraben und jedes zweite Mal mit dem Krail lediglich gehackt.*

Intelligente Arbeitstechniken

Lasten heben und tragen

Wenn niemand zur Hilfe in der Nähe ist, wäre es falsch, schwere Hebearbeit trotzdem ohne Hilfe sofort erledigen zu wollen. Sie kann meistens warten, bis jemand zur Unterstützung kommt.

Im Garten gibt es bekanntlich oft Lasten zu heben und zu tragen. Die Befragung hat ergeben, dass durchschnittlich 53 % der Frauen und 37 % der Männer das Tragen von Lasten als beschwerlich empfinden.

Die Mühsal, Lasten zu tragen, steigt mit zunehmendem Alter an (Angaben in Prozent)

	Altersklassen in Jahren				
	Über 70	60 bis 70	50 bis 60	Unter 50	Durchschn.
Frauen	63	58	48	40	53
Männer	56	39	27	26	37

Was aber ist eine Last? Die eine Person empfindet als schwer, was eine andere vielleicht nicht als Last verspürt. Welches Gewicht vom Einzelnen als schwer empfunden wird, ist sehr verschieden. Deshalb kann keine allgemein verbindliche Zahl genannt werden. Es ist auf jeden Fall besser, sich weniger zuzumuten, als man meint bewältigen zu können. Junge Menschen werden oft vom Ehrgeiz – manchmal vom falschen – getrieben. Das sollten weder junge noch alte Menschen mit jahrzehntelanger Gartenerfahrung tun.

Sich nicht überschätzen

Falscher Ehrgeiz ist unangebracht. Lassen Sie sich von anderen Personen helfen. Wenn niemand zur Hilfe in der Nähe ist, wäre es falsch, schwere Hebearbeit trotzdem ohne Hilfe sofort erledigen zu wollen. Sie kann meistens warten, bis jemand zur Unterstützung kommt.

Ergonomisch heben

Falsches Heben führt oft zu Schäden an der Wirbelsäule. Bandscheibenvorfälle und der ebenfalls durch Schäden an den Bandscheiben ausgelöste Hexenschuss sind weit verbreitete Leiden. Man kann ihnen durch richtige Hebetechnik vorbeugen.

Lasten heben und tragen

Die Wirbelsäule des Menschen ist für die aufrechte Haltung geschaffen

Gartenfreunde im dritten Lebensabschnitt haben schon während vieler Jahrzehnte ihre Wirbelsäule beansprucht. Oft ist sie schon aus vielerlei Gründen beeinträchtigt. Auf jeden Fall muss sie durch richtiges Verhalten geschont und gekräftigt werden. Das ist kein Widerspruch, wie man im ersten Moment meinen könnte.

Schonung durch richtiges Verhalten, Kräftigung durch Gymnastik

Beim Heben von Lasten wird vor allem die Lendenwirbelsäule beansprucht, also der untere Teil der gesamten Wirbelsäule. Sie ist anatomisch am kräftigsten ausgebildet, unterliegt aber auch den stärksten Belastungen.

1

Folgende wichtige Regeln für das ergonomisch richtige Heben einer Last sollten beachtet werden:
1. Aus der Hocke mit angewinkeltem Kniegelenk heben (Bild 1).
2. Den Rücken gerade halten.
3. Auf symmetrische Körperbelastung achten, also beidseitig gleiche Lasten (Bild 2).
4. Herannehmen der Last dicht an den Körper, nahe am Körper halten und absetzen (Bild 3).
5. Spreizwinkel der Arme möglichst klein halten.
6. Gleichmäßig anheben, nicht ruckartig.
7. Die Last nur so lange halten, wie unbedingt notwendig, nicht unnötig lange.

2

So bleibt die Wirbelsäule immer in der günstigsten Form und die Bandscheiben werden am wenigsten beansprucht.

Die elastischen Bandscheiben zwischen den Wirbelknochen sind ein Puffer, und deshalb in der Lage, Druckbelastungen abzufedern, jedoch nicht unbegrenzt. Sie erfüllen ihre Aufgabe nur dann bestimmungsgemäß, wenn der Rücken beim Heben und Tragen senkrecht bleibt. Bei Krümmung der Wirbelsäule werden die

3

Intelligente Arbeitstechniken

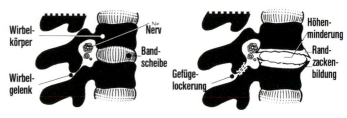

Geschädigtes Bewegungselement   Geschädigtes Bewegungselement

*So ist es falsch:
Die Kiste steht zu weit vom Körper entfernt.*

Bandscheiben infolge ungleichmäßiger Belastung gequetscht. Der Rücken bleibt nur dann gerade, wenn die Last beim Heben mittels der Bein- und der Gesäßmuskulatur aus der Hocke gehoben wird. Dabei soll die Last eng am Körper gehalten werden. Stellen Sie sich nahe an den zu hebenden Gegenstand und beugen Sie die Knie. Vornüber geneigte Arbeitstätigkeit belastet die Wirbelsäule einseitig und verstärkt die Verschleißprozesse.

Heben Sie Lasten nur aus den Beinen heraus

Beim Absetzen gilt sinngemäß das gleiche: Nicht den Rücken nach unten beugen, sondern in die Knie gehen und dann die Last absetzen. Für Personen mit Arthrose in den Knien haben wir leider keine Lösung anzubieten.

Die häufigsten Fehler beim Heben und Tragen sind:
1. Das Anheben der Last mit gebeugtem Rücken.
2. Ruckartiges Hochheben der Last.
3. Seitliches Verdrehen des Oberkörpers mit angehobener Last.
4. Das Tragen der Last mit ausgestreckten Armen.
5. Das Anheben zu schwerer Last.

*Ganz mühelos lässt sich die Freude nicht erjagen,
wer Blumen pflanzt, der muss viel Wasser tragen.*

Niemals mit gestreckten Beinen heben oder absetzen!

Mit steigendem Alter sollte man die zu tragenden Lasten verringern. Statt zehn Liter Wasser in einer Gießkanne nur acht oder sechs Liter heben und transportieren. Dabei ist es für den Rücken viel besser, wenn die

Lasten heben und tragen

Last gleichmäßig auf beide Schultern und Arme verteilt wird, wenn also zwei Kannen verwendet werden, und jede mit drei oder höchstens vier Litern gefüllt wird. Dadurch bleibt der Rücken seitlich gerade. Andernfalls würde man eine schiefe Körperhaltung einnehmen, was dem Rückgrat gar nicht gut täte.

Arbeiten unter extremer Rumpfbeugung, bei der der Oberkörper aus der aufrechten Körperhaltung um mehr als 90° nach vorne gebeugt werden muss, sind ebenfalls stark wirbelsäulenbelastend. Bei solchen Tätigkeiten sollte auf regelmäßige Entlastung durch Pausen geachtet werden.

Wenn man bodennah arbeiten muss, so soll man sich nicht mit rundem Rücken beugen, sondern die Kraft der Beine benutzen. In einer Schrittstellung – also ein Bein nach vorne – hält man den Oberkörper gerade. Das Bücken kostet besonders viel Kraft.

Wasser aus der Regentonne

Jeder Leser sollte prüfen, ob die Entnahme von Regenwasser aus seiner Tonne rückenschonend möglich ist. Nicht selten behält man ja untaugliche Gewohnheiten bei, die eigentlich verbessert werden müssten. Die Tonne sollte möglichst hoch über dem Boden auf einem Podest stehen. Dadurch kann man die Gießkanne ebenfalls erhöht auf einen Sockel stellen und das Wasser über den Ablaufhahn einlaufen lassen, so dass man die gefüllte, schwere Kanne nicht vom Niveau des Erdbodens hochheben muss, sondern bereits von diesem Sockel.

Beim Wassertragen zwei Kannen verwenden und jede mit drei oder höchstens vier Litern füllen. Dadurch bleibt der Rücken beim Tragen seitlich gerade.

Energieaufwand im Vergleich bei unterschiedlichen Körperhaltungen

Liegen	100%	Hocken	108%
Sitzen	104%	Stehen	112%
Knien	108%	Bücken	155%

(Aus Link und Titze, Der Nutzgarten, Ulmer 1982)

Intelligente Arbeitstechniken

Rollhocker

„Ich arbeite, wenn möglich, im Sitzen auf einem fahrbaren Untersatz."
Aussage einer 85-jährigen Gartenfreundin aus Luxemburg

Den Verfassern sind aus der Nachbarschaft ebenfalls alte Menschen bekannt, die als beschwerlich empfundene Gartenarbeiten auf einem Rollhocker sitzend erledigen. Wem das Hocken oder das Knien bei der Gartenarbeit Mühe macht, dem kann solch ein fahrbarer Hocker mit großen, breiten Rädern bei manchen Tätigkeiten wirklich Linderung bringen. Er ist nützlich zum Beispiel bei der Bodenlockerung mit kurzstieligen Geräten, beim Unkraut-/Wildkrautjäten oder beim Auskratzen von Moos in den Fugen von gepflasterten Flächen oder an der Bordsteinkante.

Ein Rollhocker kann gute Dienste leisten.

Der hier gezeigte Rollhocker hat eine runde Sitzfläche und verfügt darunter über eine herausnehmbare Kunststoffwanne. Sie dient dazu, kleine Arbeitsgeräte oder auch Samentütchen oder Ähnliches aufzunehmen. Man spart sich somit zusätzliche Wege und hat manches stets griffbereit.

Infolge der großen, breiten Räder rollt der Hocker gut auf glatter, fester Unterlage, und auf weichem Grund sinkt er nicht so leicht ein. Rasen ist im allgemeinen fest genug zum Befahren. Von hier aus könnte zum Beispiel eine angrenzende Rabattenfläche an den Rändern gelockert oder von Unkraut befreit werden. Das Eigengewicht des Rollhockers ist mit cirka 1,5 kg gering.

Das kleine Fahrzeug wird im „Senio-Handel" angeboten, nach Wissen der Autoren nicht im Gartenfachhandel. Für manche nützlichen Dinge haben eben oft bevorzugt Personen aus jenen Branchen einen sicheren Blick, die in der Beratung und im Verkauf täglich helfen, Altersbeschwerden allgemein zu lindern.

Lasten heben und tragen

Praktischer Sitz- und Kniestuhl

Für Gartenarbeiten im Sitzen eignet sich der „Sitz- und Kniestuhl" aus einem Stahlrohrgestänge mit einer Platte aus Kunststoff zum Sitzen beziehungsweise zum Knien, je nach Bedarf und Tätigkeit. Zwei seitlich angebrachte Stützen von ungefähr 40 cm Höhe sind beim Hinsetzen und beim Aufstehen zum Festhalten und Abstützen hilfreich.

In der Sitzposition befindet sich die Fläche 33 cm über dem Boden. In dieser Stellung kann man zum Beispiel Pflege- oder Erntearbeiten am Gemüse-, Stauden- oder Blumenbeet oder am Beerenobst sitzend erledigen. Zum Vergleich: Die Sitzfläche eines gewöhnlichen Stuhls ist ungefähr 46 cm hoch. Wenn man den Sitz- und Kniestuhl umdreht, ergibt sich eine Fläche zum Knien mit einem Bodenabstand von 13 cm.

In der Knieposition lassen sich Arbeiten am Boden durchführen, beispielsweise Aussäen, Unkraut-/Wildkrautzupfen oder Fugen zwischen Pflastersteinen auskratzen. Die Knie und die Kleidung werden geschont, bleiben sauber und trocken. Wer mag, kann sich zusätzlich ein Kissen auflegen und somit noch komfortabler arbeiten.

Der vornehmlich im Versandhandel (Gärtner Pötschke und andere) angebotene Sitz- und Kniestuhl hat ein geringes Gewicht und kann nach dem Ende der Arbeit zusammengeklappt und platzsparend aufgehängt werden. Er eignet sich gut zur Mitnahme im Auto und ist auch leicht auf dem Fahrrad zu transportieren.

Auto be- und entladen

Viele im Garten und rund um das Haus benötigten Verbrauchsmaterialien werden in großen Säcken angeboten: Kalk zur Boden- und Rasenpflege, abstumpfendes Material für Schnee und Eis, Blumenerde, Rindenmulch – um nur einige zu nennen. Bevorzugen Sie kleinere Gebinde: 10 kg oder allerhöchstens zu zweit 25 kg – keinesfalls 50 kg!

Intelligente Arbeitstechniken

Lassen Sie sich vom Verkaufspersonal beim Einladen in das Auto helfen oder nehmen Sie zum Einkaufen eine zweite Person mit. Auch zum Ausladen holen Sie sich Hilfe. Falscher Ehrgeiz oder Ungeduld sind keine guten Ratgeber.

Statt beim Ausladen die Last zu heben, sollte man ein Brett anlegen, sofern die Bauweise des Autos es zulässt. Die Säcke kann man darauf herunterschieben, unten auf eine Sackkarre oder ein Rollbrett setzen und damit zum Bestimmungsort fahren. So wird Ihre Wirbelsäule geschont.

Sitzkissen und Knieschutz

Auf Steinen nur mit Wärme isolierenden Kissen sitzen!

Das Sitzen auf kalten und nassen Flächen ist eine gesundheitliche Todsünde. Auch bei nur wenigen Minuten ist die Gefahr von Erkältungen der Nieren, der Blase und anderer Erkrankungen im Unterleib sehr hoch. Mit wärmeisolierend wirkenden und weich polsternden Materialien aus dem Haushalt kann man sich leicht selbst Sitzkissen herstellen. Es ist empfehlenswert, sie aus wasserabweisendem Material zu fertigen oder damit zu umhüllen. Andernfalls erfüllen sie ihren Zweck nicht. Man kann Sitzkissen für den Einsatz im Garten aber auch fertig kaufen:

- Die Firma Fiskars hält ein rundes Kissen mit stabiler Kunststoffunterseite und fester Oberseite bereit.

- Die Firma Flora bietet ein rechteckiges Kissen mit Hohlkammerwaben an, das zusätzlich einen Tragegriff und eine Aufhängevorrichtung besitzt.

Solch ein Polster schont die Knie.

Sehr viele ältere Gartenfreunde klagen über Beschwerden in den Knien. Durch die Benutzung von weichen, polsternden Unterlagen werden die Schmerzen und Beschwerden erträglicher. Auch für den Knieschutz ist Wasser abweisendes Material zu bevorzugen. Man kann sich solche Polsterkissen selber herstellen. Sie werden aber auch im Handel angeboten. Auf Steinen oder auf

Lasten heben und tragen

feuchtem Gartenboden angewendet, polstern sie ab und schützen gegen Nässe. Selbstverständlich kann man diesen Knieschutz auch zum Sitzen verwenden. Doppelte Geldausgabe wäre Verschwendung.

Zum Schutz der Knie können auch anschnallbare Knieschoner verwendet werden.

Intelligente Arbeitstechniken

Die Arbeit nach oben holen

In einer Fernsehsendung des Kölner Karnevals unterhielten sich zwei stadtbekannte Jecken über die Pflanzung einer Hecke. Der eine erzählte dem anderen, dass er dabei einen furchtbaren Hexenschuss bekommen habe, und zwar deshalb, weil er sich zum Pflanzen sehr tief habe runter beugen müssen. Der andere Jeck wusste Rat: Er solle beim nächsten Mal den Garten einen Meter höher legen. Die im Saal anwesenden Zuschauer lachten sich fast zu Tode über den Witz unserer zwei Kölner Gartenjecken. Viele unserer Leser werden jedoch schon ahnen, dass diese nette Begebenheit zum Hochbeet überleiten soll.

Hochbeete sind ideal

„Ich habe mir ein Hochbeet angelegt, empfehlenswert bei Rückenbeschwerden. Ertrag gut." Aussage einer 60- bis 70-jährigen Freizeitgärtnerin aus Luxemburg.

Ein Hochbeet entsteht – aus Bausteinen von Neudorf.

Obwohl Hochbeete in zahlreichen Zeitschriften und Büchern vorgestellt wurden, sind sie viel zu wenig verbreitet. Gerade im Alter bieten sie Erleichterung für den geplagten Rücken. Nach der Fertigstellung kann man alle Pflanz-, Pflege- und Erntearbeiten aufrecht stehend erledigen. Das Unkrautjäten wird fast zum Vergnügen.

Bepflanzungen von Hochbeeten

Hochbeete werden insbesondere mit schnell wachsenden Gemüsearten bepflanzt oder besät, zum Beispiel

Die Arbeit nach oben holen

Das bepflanzte Hochbeet.

mit Radieschen, Rettich, Kohlrabi, Kopf- und Schnittsalat, Feldsalat, Knollen- und Stangensellerie, Buschbohnen, Zwiebeln, Porree, Rucola und sonstigen. Sehr gut geeignet sind sie auch für Küchenkräuter wie Petersilie, Schnittlauch, Basilikum, Bohnenkraut und vielen anderen.

Material

Vielfach wird zum Bau druckimprägniertes Holz verwendet. Die Langlebigkeit des Materials ist wichtig. Lärchenholz ist von Natur aus sehr widerstandsfähig und braucht nicht unbedingt behandelt zu werden. Alte Bahnschwellen kommen wegen der von ihnen ausgehenden Umweltbelastung nicht in Frage. Recycelter Kunststoff ist ebenfalls gut geeignet. Man muss aber darauf achten, dass die Bohlen so stabil und dick sind, dass sie sich nicht durchbiegen.

Alle Schrauben und anderen Befestigungselemente müssen aus korrosionsfestem Material sein, zum Beispiel aus Messing.

Druckimprägniertes Holz hält lange.

Statik und Bauweise

Wegen des hohen Innendrucks sollten im Abstand von einem Meter stabile Pfosten ausreichend tief in den Boden eingelassen oder andere geeignete Befestigungen vorgesehen werden – auch Querverstrebungen sind hilfreich. Sonst kann es passieren, dass das Hochbeet aus den Fugen gerät.

Es kann sehr nützlich sein, das Beet höhenvariabel zu bauen. Dazu schraubt man an die Pfosten U-Profile, zum Beispiel aus Aluminium, in die die Bohlen für die Seitenwände eingeschoben werden. Man kann Bohlen dann leicht ab- oder anbauen. Dadurch wird vieles leichter: die erste Füllung, ein eventuell später erforderlicher Substratwechsel oder die spätere Nutzung durch Personen mit deutlich anderer Körpergröße.

Rostfreie Befestigungselemente verwenden.

Intelligente Arbeitstechniken

Füllung mit reichlich organischer Masse.

Abmessungen für Hochbeete

	Höhe	Breite	Länge
Beidseitiger Zutritt	Körpergerecht ca. 80 bis 100 cm	Je nach Armlänge 120 bis 150 cm	Beliebig, auch abgewinkelt
Einseitiger Zutritt, z. B. an Hauswand oder Grundstücksgrenze.	wie oben	60 bis 75 cm	wie oben

Füllungen

Wenn das Hochbeet auf eine Fläche mit „Mutterboden" gestellt wird, sollte man diese gute Erde herausnehmen und an einer anderen Stelle in der Nähe zwischenlagern. Sie wird später wieder oben auf das Hochbeet aufgebracht. Als Füllmaterial kommen im wesentlichen zwei Varianten in Betracht: ohne grobe organische Masse oder mit reichlich organischer Masse (Äste, Zweige) als „Unterbau". In beiden Fällen ist es ratsam, unten einen engen, kräftigen Maschendraht auszulegen, damit Wühlmäuse oder andere unerwünschte Nager nicht nach oben eindringen können.

Füllungen für Hochbeete	
Füllung ohne oder mit wenig organischer Masse im Unterbau (von oben nach unten)	Füllung ohne oder mit reichlich organischer Masse (Äste, Zweige) im Unterbau (von oben nach unten)
30 cm Gartenboden mit reichlich reifem Kompost	30 cm Gartenboden mit reichlich reifem Kompost
Gartenboden, zerkleinerte Grassoden	Bodenaushub, von unten, gemischt mit feinem und grobem Kompost
Bodenaushub, eventuell gemischt mit grobem (scharfem) Sand oder Kies	Äste, Zweige, Reisig, Holzhäcksel
Begleiterscheinungen: Nur geringe Sackungen während der folgenden Monate. Geringe Austrocknung. Sehr hoher Bedarf an Erde. Bei einer Abmessung von nur 1 m Breite, 2 m Länge und 1 m Höhe werden bereits 2 Kubikmeter Erde benötigt.	Begleiterscheinungen: Es treten noch lange nach der Füllung Sackungen auf. Deshalb muss oben immer wieder gute Erde aufgefüllt werden. Es kann eher zu Austrocknungen kommen. Unzureichende Verrottung der Äste durch Sauerstoffmangel ist möglich.

Die Arbeit nach oben holen

Tischbeete für das Gärtnern im Sitzen

Tischbeete eignen sich für Personen, die ihre Gartenarbeit im Sitzen erledigen wollen oder müssen.

Auf einem stabilen, tragfähigen Untergestell, zum Beispiel aus Betonfertigteilen, ruht eine Pflanzwanne von mindestens 25 bis 30 cm Tiefe. Sie soll mit leichtem Gefälle von ungefähr 2 % installiert sein und auf ihrem Boden eine Drainageschicht und eine Wasserabflussöffnung besitzen, damit kein Wasserstau entsteht.

Wegen des geringen Erdvolumens eignet sich das Tischbeet nicht für tief wurzelnde und nicht für alle mehrjährigen Pflanzen. Geeignet sind Küchenkräuter, Radieschen, Salatarten, Schnittlauch, Kohlrabi und manches andere.

Ein Tischbeet kann auch vom Rollstuhl aus bewirtschaftet werden.

Man muss immer auf genügend Wasser achten, weil das Speichervolumen nur gering ist. Eine Tröpfchenbewässerung zu installieren ist ratsam.

Im Fall, dass das Tischbeet von allen Seiten her zugänglich ist, darf seine Breite bis zu 120 cm betragen. Ist es nur von einer Seite her bearbeitbar, darf es nur etwa 60 cm breit sein. Sonst reicht die durchschnittliche Armlänge nicht aus.

Bankbeete

Aus vorhandenen Grundbeeten kann man ein Bankbeet schaffen. Es entsteht eine um cirka 20 bis 50 Zentimeter erhöhte Beetfläche. Dadurch wird das Arbeiten erleichtert, solange man nicht auf dem Beet, sondern daneben steht, weil man sich nicht so tief bücken muss. Die Erleichterung ist aber wesentlich geringer als beim Hochbeet. Man kann sich ein solches Beet aus käuflichen Fertigteilen bauen, zum Beispiel von der Firma Neudorff.

Eine den Rücken schonende Nutzung eines Bankbeetes ist nur gegeben, wenn es schmal ist. Falls man wegen zu großer Breite mit beiden Beinen auf das Beet treten muss, geht der Vorteil verloren.

Eine andere Möglichkeit besteht darin, dass man sich selbst aus Bohlen oder Steinen eine Umrahmung fertigt,

Intelligente Arbeitstechniken

die mit Gartenerde aufgefüllt wird. Nach der Sackung kann man darauf solche Pflanzen wie auf dem Grundbeet anbauen. Durch Überbauung mit einem Folientunnel entsteht im Frühjahr eine geschützte Kulturfläche zur Ernteverfrühung.

Einen Arbeitstisch benutzen

So sollte man sich den Arbeitsplatz gewiss nicht einrichten.

Vergleichen Sie die folgenden Bilder zur herbstlichen Bepflanzung einer Schale mit den herrlichen Eriken. Die dabei erkennbaren drei Körperhaltungen belasten die Wirbelsäule in ganz unterschiedlichem Ausmaß. Den meisten Menschen dürfte sicherlich die Arbeit am Erdboden mit fast durchgestreckten Beinen und dem tief herunter gebeugten Rücken besonders unangenehm und anstrengend sein.

Auch diese Haltung ist nicht empfehlenswert. Sie belastet die Knie.

Die hockende oder kniende Haltung ist wohl weniger beschwerlich als die gebeugte. Aber die Arbeitsstelle auf dem Boden ist dennoch nicht empfehlenswert, wenn man berücksichtigt, dass die Knie sehr vielen älteren Menschen bei dieser Tätigkeit weh tun.

Ideal für die Körperhaltung ist die Tätigkeit am Arbeitstisch.

Ideal und schonend ist das Bepflanzen auf einem Tisch, den man sich schnell aus zwei Böcken und einer Platte herrichten kann. Der Körper steht dabei aufrecht. So entgeht man den Rücken- und den Knieschmerzen weitgehend. Das Resultat: mehr Lust als Last bei der Gartenarbeit.

Die Arbeit nach oben holen

Bequem arbeiten mit Saatplatten und -bändern

Obwohl schon viele Jahre auch für Freizeitgärtner im Fachhandel erhältlich, sind die Vorzüge von ursprünglich für den Produktionsgartenbau entwickelten Saatplatten und Saatbändern (jeweils Verfahren Eschwege) gerade auch für ältere Menschen unserer Erfahrung nach noch nicht allgemein bekannt.

Die Platten und Bänder bestehen jeweils aus zwei dünnen Schichten Spezialpapier. Dazwischen ist das Saatgut einzeln in exakt gleichen Abständen artgerecht abgelegt.

Saatplatten vereinfachen die Jungpflanzenanzucht, also die Vorkultur in Töpfen und in Aussaatkisten. Nach dem Keimen wird pikiert. Runde Platten werden in gut sortierten Geschäften und Gartencentern für Töpfe mit 8 cm und mit 13 cm angeboten. Für kleine Aussaatkisten gibt es die Abmessungen 12,5 cm x 17 cm und 12,5 cm x 20 cm und noch größere.

Mit Saatplatten aus Spezialpapier hat man Küchenkräuter im Nu gesät.

Die Aussaat zur Pflanzen-Anzucht mit Saatplatten kann bequem im Sitzen erledigt werden. Dadurch entfällt mancherlei Mühe und Körperbelastung. Saatbänder vereinfachen die Direktsaat auf Beeten im Freiland, im Frühbeetkasten und im Kleingewächshaus.

Nach der üblichen, gewohnten Beetvorbereitung erfolgt die Saat mit Saatbändern präziser und schneller als das Auslegen der Samen Korn für Korn.

Dabei steht unserer Meinung nach die Zeitersparnis als solche gar nicht einmal im Vordergrund. Wichtiger ist sicherlich die verkürzte Dauer der für viele als anstrengend empfundenen gebeugten, hockenden oder knienden Körperhaltung während des Säens. Die Tätigkeit wird mit Saatbändern schneller erledigt. Folglich braucht man nicht so lange zu „leiden".

Saatbänder werden in Längen von 5 m, 6 m und 7,5 m hergestellt. Sie enthalten entweder Gemüse-, Kräuter- oder Zierpflanzensamen. Beim Gemüse sind zur Zeit folgende Arten im Sortiment: Endivien, Feldsalat, Kopf-

Die Kräuter sind aufgegangen.

Intelligente Arbeitstechniken

Saatbänder kann man in mehrere kleine Stücke zerschneiden.

salat, Möhren, Petersilie, Porree, Radieschen, Rettich, Rote Bete, Spinat und Zwiebeln.

Aus dem Sortiment der Gewürzkräuter werden acht angeboten: Basilikum, Bohnenkraut, Dill, Kerbel, Majoran, Petersilie, Schnittlauch und Zitronenmelisse.

Es sind auch Kombinationen mehrerer Gemüsearten auf demselben Band erhältlich. Wegen der Zierpflanzenarten fragen Sie bitte im Fachgeschäft nach.

Manchmal kann bereits die kürzeste im Handel befindliche Saatbandlänge von 5 Meter für den Haushaltsbedarf zu viele Samenkörner enthalten. Weil man ja nichts umkommen lassen möchte, bieten sich folgende Auswege an: Die Gesamtlänge in mehrere kleine Stücke zerschneiden und je nach Gemüse- oder Kräuterart satzweise aussäen oder mit Freunden teilen. Das gleiche gilt sinngemäß auch für die Saatplatten.

Unkrautbekämpfung

Unkraut / Wildkraut bekämpfen

Mit zunehmendem Alter steigen die Beschwerden bei der Beseitigung von Wildkraut erwartungsgemäß an. Für ältere Frauen ist dies mühsamer als für ältere Männer.

Wildkrautbeseitigung macht Mühe (Angaben in Prozent)					
Altersklassen in Jahren					
	Über 70	60 bis 70	50 bis 60	Unter 50	Durchschn.
Frauen	37	30	22	19	27
Männer	27	24	22	20	23

Wir wollen hier nicht über die Begriffe Unkraut und Wildkraut streiten, und niemanden bevormunden, diesen oder jenen Ausdruck zu verwenden.
Jeder mag solche Pflanzen, die er nicht dort haben will, wo sie wachsen, nennen wie er will.

Wir wollen hier nicht über die Begriffe Unkraut und Wildkraut streiten, und niemanden bevormunden, diesen oder jenen Ausdruck zu verwenden. Jeder mag solche Pflanzen, die er nicht dort haben will, wo sie wachsen, nennen wie er will.

Wir werden nachfolgend abwechselnd den einen und den anderen Begriff verwenden, auch um zu zeigen, dass wir den manchmal als ideologisch empfundenen Streit für überflüssig halten.

Wer in seinem Garten alles, wirklich alles, wachsen lassen will, braucht dieses Kapitel nicht zu lesen. Der Text ist lediglich für diejenigen bestimmt, die im Garten, oder zumindest in Teilen davon, manche sie störende Pflanzen entfernen wollen. Was störend ist, ist eine subjektive Ansicht, die andere Menschen nicht teilen müssen. Sie kann sich mit steigendem Alter durchaus verändern.

Mechanische Unkrautbeseitigung

Die Bekämpfung von Unkraut kann bekanntlich auf unterschiedliche Weise erfolgen. Sie als Leser und erfahrener Freizeitgärtner wissen, wie sie erfolgt, und welche Geräte dazu geeignet sind. Deshalb wollen wir hier dazu keine langen Ausführungen machen. Eines ist aber klar: das Hacken von Wildkräutern ist eine sehr unbeliebte, auf Dauer in der Regel anstrengende Tätigkeit. Wir beschränken uns auf nur einige wenige Anmerkungen.

Intelligente Arbeitstechniken

Unkrauthacken werden nach längerem Gebrauch bekanntlich stumpf. Regelmäßiges Schleifen, zum Beispiel mit einer Feile, erleichtert die lästige Tätigkeit erheblich. Der nötige Kraftaufwand zum Abtrennen des Wildkrauts knapp unter oder über der Bodenoberfläche sinkt deutlich. Das wird jede Gärtnerin und jeder Gärtner im dritten Lebensabschnitt als angenehm empfinden.
Neue, ungebrauchte Hacken sind meistens lackiert und müssen erst geschliffen werden.
Von den zahlreichen Geräten zur mechanischen Bekämpfung von Wildkraut empfinden wir persönlich die Pendelhacke beim Einsatz auf Beeten als zugleich wirkungsvoll und angenehm in der Handhabung.
Wenn das Unkraut hacken auf Beeten so häufig durchgeführt wird, dass das Wildkraut nur wenige Zentimeter hoch wird, kann es liegen bleiben und vertrocknen. Man braucht sich also nicht zu bücken, es sei denn, man stört sich an dem Anblick.
Für Unkräuter mit Pfahlwurzeln wie Löwenzahn und Disteln werden besondere Geräte mit Greifzangen zur Benutzung in aufrechter Körperhaltung angeboten. Die Verfasser haben sie nicht geprüft. Nach ihrer Einschätzung sind sie eher für leichten, sandigen als für schweren, lehmigen Boden geeignet.

Zur weiteren Unkrautbeseitigung gibt es die nachfolgend genannten Alternativen.

Einsatz von Hitze – vor allem auf Wegen, Fahrwegen und Terrassen

Nach diesen kurzen Ausführungen zur mechanischen Unkrautbekämpfung wollen wir ausführlicher auf eine für Freizeitgärtner noch vergleichsweise junge Art der Beseitigung eingehen: den Einsatz von Hitze – die thermische Bekämpfung. Einschränkend weisen wir vorneweg darauf hin, dass dieses Verfahren nicht für die Beseitigung von Wurzelwildkräutern geeignet ist. Es wird insbesondere auf Wegen und Pflaster- sowie Plattenflächen aller Art angewendet.

Unkrautbekämpfung

Für bewachsene Bodenflächen ist das thermische Verfahren in der Regel weniger geeignet, weil auch Kulturpflanzen – zum Beispiel Gemüse – ungewollt Schaden leiden könnten. Auch für total verunkrautete andere große Flächen und für sehr hoch gewordene Pflanzen sollte man zur Bekämpfung andere Methoden anwenden, am besten die vorbeugende – also die Wildkräuter bereits im jungen Stadium bekämpfen. Es sollte gar nicht erst zu großen Pflanzen kommen. Ebenso wenig ist das thermische Verfahren zur Wildkrautbekämpfung im Rasen geeignet.

Wer sich aber die alte Lebensweisheit „wehret den Anfängen" zu eigen macht, und bereits die noch kleinen, jungen Wildkräuter angeht, kann mit dem thermischen Verfahren auf den vorgenannten Flächen gute Erfolge erzielen. Je nach Gerät wird die Hitze auf unterschiedliche Weise erzeugt.

Elektrizität als Energiequelle (Bild 1 und 2)
Elektrische Geräte sind nur dort einsetzbar, wo eine Steckdose vorhanden ist. Im übrigen treten die bekannten Probleme mit dem Kabel auf, die man auch von anderen elektrisch betriebenen Gartengeräten kennt: Heckenscheren, Rasenmäher oder Vertikutierer.

Gas als Energiequelle
Als Beispiel wird hier das Gerät „Thermofix" der Firma Gloria beschrieben:
Die Temperatur am Rohrheizkörper beträgt nach Firmenangaben cirka 800°C. Das Gerät wiegt 1,4 kg. Die Wärmestrahlung tötet lebendes Pflanzengewebe ab. Bei der Anwendung wurde die Laufrolle als angenehm empfunden, die den Wärmestrahler bei passender Neigung des Handgriffs dicht über den Boden gleiten lässt. Unserer Meinung nach sollte der Rollendurchmesser ein bis zwei cm größer sein. Die Handhabung wäre dann noch komfortabler. Positiv wurde auch der höhenverstellbare zweite Handgriff empfunden. Andererseits ist der Gerätestiel für große Personen etwas zu

1
Elektrisches Gerät zur Unkrautbekämpfung.

2
Das Gerät von der Unterseite.

Intelligente Arbeitstechniken

3

4
Unkrautbekämpfung mit der Hitze einer Butangasflamme.

kurz. In diesem Punkt könnte der Hersteller noch nachbessern

In einem anderen Verfahren werden die Unkräuter durch Hitze von einer Flamme aus einer Butangaspatrone abgetötet (Bild 3 und 4). Auch mit einem solchen Gerät ist man unabhängig vom Stromkabel. Es ist überall einsetzbar. Das ebenfalls von Gloria angebotene Gerät ist mittels eines Schalters für so genannte piezo-elektrische Zündung leicht anschaltbar. Bei sorgfältiger Anwendung werden mit dem „Thermoflamm" genannten Gerät gute Ergebnisse erzielt. Die Pflanzen werden regelrecht abgeflammt und verbrannt. Es ist aber besondere Vorsicht geboten: Sofort beim Anschalten tritt aus dem Flammrohr eine mehrere Zentimeter lange Flamme aus. Richten Sie das Rohr niemals gegen leicht entflammbare Gegenstände oder gar gegen Menschen und Tiere! Zur Anwendung: Aus dem lange zurückliegenden Physikunterricht wissen wir ja, dass Einfallswinkel gleich Ausfallwinkel ist. Deshalb schlägt die Flamme vom Boden im gleichen Winkel zurück, mit dem sie auf diesen aufschlägt. Bei unvorsichtiger Arbeit können zum Beispiel auch Hecken oder andere Gehölze mit niedrigem Blattwerk ungewollt von unten angesengt werden, was zu hässlichen Verfärbungen führt, wie die Abbildung deutlich zeigt (Bild 5).

5

Mit all diesen Geräten sollte man sehr vorsichtig umgehen; die Feuerwehr musste schon öfter eingreifen, weil durch unsachgemäße Handhabung hohes Gras oder auch Gartenhäuschen in Flammen aufgegangen sind.

Unkrautbekämpfung

Wasserdampf zur Unkrautbekämpfung

Noch recht neu ist das Abtöten der oberirdischen Pflanzenteile von Wildkräutern durch heißen Wasserdampf. Er wird durch elektrisches Erhitzen von Wasser in einem Geräte-integrierten Vorratsgefäß erzeugt.

Die Einsetzbarkeit des „Steam it" („verdampfe es") genannten Gerätes von Fiskars ist also auf Flächen mit Stromanschluss beschränkt. Das aus Kunststoff gefertigte, ungewohnt anzusehende 130 cm lange Gerät wiegt leer 2 kg. Nach vollständiger Füllung mit 2 Liter Wasser ist es 4 kg schwer. Ein neueres Modell – „Steam it junior" – ist mit 115 cm kleiner und besitzt ein Fassungsvermögen von einem Liter Wasser. Beide Geräte liegen gut in der Hand.

Ein neues Gerät zur Bekämpfung von Unkraut mit Wasserdampf.

Das Wasser beginnt wenige Minuten nach dem Einschalten des Stroms zu kochen und zu verdampfen. Der Dampf entweicht aus dem Vorratsbehälter über ein langes, gebogenes Rohr und tritt vorne aus. Zur Anwendung wird das Gerät mit beiden Händen gehalten. Die Öffnung des Rohres führt man über die zu bekämpfenden Unkräuter, die infolge der Hitze letztlich absterben. Anfangs beobachtet man nur eine dunkelgrüne Verfärbung. Nach ein bis zwei Tagen wird erkennbar, dass die Pflanzen oberirdisch tatsächlich völlig abgetötet sind. Je nach Unkrautbesatz und -wuchs kann man mit einer Wasserfüllung zum Beispiel die Fugen mehrerer Quadratmeter Verbundsteinpflaster mit Heißdampf behandeln.

Sicherheitshinweis: Bei allen drei beschriebenen Geräten sollen unbedingt feste, Hitze abweisende Schuhe getragen werden, auch im Sommer! Beim Tragen von Sandalen oder anderem leichten Schuhwerk besteht Verbrennungsgefahr für die Zehen und die Füße.

Unser Foto zeigt bewusst, dass fehlender Schutz an den Füßen nicht sein darf.

Intelligente Arbeitstechniken

Chemische Bekämpfung
In den meisten Fällen kommt die chemische Bekämpfung nicht in Frage. Die gesetzlichen Bestimmungen unterliegen ständigen Veränderungen.
Schon aus Gründen des Umweltschutzes wird diese Art der Unkrautvernichtung hier nicht behandelt.

Rasenpflege

Rasenpflegegeräte

Die Rasenpflege macht im jungen und mittleren Alter nur selten Mühe, wie man aus den Befragungsergebnissen herauslesen kann. Doch ab ungefähr dem sechzigsten Lebensjahr steigt die Mühsal bei dieser Tätigkeit für Männer und vor allem für Frauen erkennbar an.

Allgemeine Beschwernisse bei der Rasenpflege (Angaben in Prozent)					
Altersklassen in Jahren					
	Über 70	60 bis 70	50 bis 60	Unter 50	Durchschn.
Frauen	34	18	9	0	15
Männer	16	9	2	6	8

Die gezielte Frage nach der Beschwerlichkeit von elektrisch angetriebenen Rasenmähern brachte folgendes Ergebnis:

Beschwernis beim Einsatz elektrischer Rasenmäher (Angaben in Prozent)					
Altersklassen in Jahren					
	Über 70	60 bis 70	50 bis 60	Unter 50	Durchschn.
Frauen	44	28	21	9	26
Männer	21	11	5	5	10

Deshalb sind Rasenmäher besonders empfehlenswert, die mit hohem Komfort ausgestattet sind und das Mähen in vielerlei Hinsicht erleichtern. In den vergangenen Jahren sind erhebliche Verbesserungen realisiert worden. Zwar sind solche Geräte nicht gerade billig, aber im echten Wortsinn sicherlich preiswert. Man kann durchaus mit Anschaffungskosten bis zu eintausend Euro rechnen. Von solchen Geräten darf man aber auch viel verlangen.

Für gärtnernde Seniorinnen und Senioren sind solche Rasenmäher besonders empfehlenswert, die mit hohem Komfort ausgestattet sind und das Mähen in vielerlei Hinsicht erleichtern.

Die folgende kurze Übersicht über die verschiedenartigen Geräte und Maschinen soll hier lediglich in das umfangreiche Thema einführen. Falls ein Kauf ansteht, sollte man sich bei einem leistungsstarken Händler aus-

Intelligente Arbeitstechniken

führlich beraten lassen. Je besser der Kunde Art und Größe seiner Rasenfläche und seine eigenen persönlichen Umstände beschreibt, desto eher kann der Händler ihn fachgerecht beraten. Das Handelssortiment ist bei weitem zu umfangreich, als dass es in das Konzept dieses Buches vollständig aufgenommen werden könnte.

Man unterscheidet:
1. Geräte, die mit Muskelkraft angetrieben werden. In der Regel sind es Spindelmäher. Sie zeichnen sich durch sehr sauberen und exakten Schnitt aus und genügen oft für kleine, ebene Rasenflächen. Sie sind aber vielfach aus der Mode gekommen.
2. Bei den durch Motorkraft angetriebenen Geräten unterscheidet man bekanntlich zwischen solchen mit Elektro- und solchen mit Benzinantrieb.

Die Elektrogeräte sind mit Stromanschluss an das Festnetz und – weniger weit verbreitet – als Akkumulatorengeräte für kleinere Flächen bis ungefähr 500 m² erhältlich.

Je genauer Sie dem Händler Ihren Garten und Ihre Umstände beschreiben, desto besser wird er Sie beim Kauf eines geeigneten Rasenmähers beraten können.

Es gibt zahlreiche Modellreihen verschiedener Anbieter. Ein Neukauf sollte sich unter anderem an der Größe der Rasenfläche ausrichten. Zum Mähen von Reihenhaus- oder Kleingarten-Rasenflächen reichen weniger leistungsstarke Geräte oft völlig aus. Wir empfehlen Ihnen, auch die Ergebnisse von Untersuchungen der Stiftung Warentest zu nutzen.

Die mit Benzin angetriebenen Geräte können unabhängig vom Stromnetz eingesetzt werden. Sie benötigen aber sicherlich mehr Pflege, wofür der Verkäufer in der Regel einen Wartungsdienst anbietet.

Personen, die in der Vergangenheit die Wartung und Pflege nicht selbst durchgeführt haben, sollten prüfen, ob sie das Können und die Erfahrung einer Werkstatt nutzen sollten. Durch schwerwiegende gesundheitliche Beeinträchtigungen und nachlassende Kräfte oder gar durch einen Todesfall kann ein Lebenspartner plötzlich

Rasenpflege

vor die Aufgabe gestellt sein, das Rasen mähen selbst erledigen zu müssen, welches vorher der Partner gemacht hat.

Moderne Benzinmäher haben nicht mehr den Nachteil, dass sie manchmal nur mit hohem Kraftaufwand zu zünden sind. Sie verfügen häufig über Elektrostarter. Dieser technische Fortschritt ist gerade für ältere Menschen eine sehr große Erleichterung. Das Starten ist so einfach wie bei Elektromähern. Solche Geräte haben aber ein deutlich höheres Gewicht als die herkömmlichen. Der eine Vorteil wird leider mit einen anderen Nachteil begleitet.

Außerdem ist das Starten von Benzinmähern neuerer Bauart trotz herkömmlicher Starttechnik mit Seilzug heutzutage auch wesentlich einfacher als früher.

Von einem guten Benzinmäher darf man heute unter anderem folgende Leistungen erwarten:
- Optimierte Laufgeschwindigkeit durch 4-Stufen-Radantrieb.
- Zentrale Höhenverstellung in zahlreichen Stufen oder stufenlos mit Schnitthöhen zwischen ungefähr 20 und 70 mm.
- Geräuscharmut.
- Eigener Radantrieb. Vorderradantrieb ist vor allem auch auf geneigten Flächen von großem Vorteil.
- Geringes Gewicht, zum Beispiel durch Aluminium oder Kunststoff an dafür geeigneten Bauteilen wie Gehäuse und Rädern.
- Umrüstung vom Fangmäher zum Mulchmäher. In kurzer Zeit kann ein kleines Teil eingebaut werden, welches die Auswurföffnung verschließt. In Verbindung mit einem mehrschneidigen Messer werden die abgetrennten Grashalme anschließend nochmals zerkleinert und als Mulch auf dem Rasen abgelegt. In diesem Fall kann ohne Fangkorb gearbeitet werden. Das von vielen als anstrengend empfundene Anheben, Transportieren und Ausleeren des Korbs entfällt ebenso

Aufsitzmäher sind besonders für ältere Gartenfreunde mit größerem Rasen geeignet.

Intelligente Arbeitstechniken

wie das Zusammenharken des Schnittguts. Es bleibt liegen.
- Höhenverstellbare Führungsholme zur Anpassung an die Körpergröße.
- Schutz vor Staubaustritt.
- Kugelgelagerte Räder.
- Eignung, das Gerät im Kofferraum eines PKW unterbringen zu können.
- Weit vorne liegender Schwerpunkt. So wird die Handhabung zum Beispiel beim Wenden merklich erleichtert.
- Einfache Bedienung, leichtgängige Bedienungselemente.

In den Zeitschriften der Freizeitgärtner-Verbände werden laufend Ergebnisse von Rasenmähertests veröffentlicht.

Mähroboter

Seit ungefähr dem Jahr 2000 werden Mähroboter angeboten. Um die zu mähende Fläche wird ein Begrenzungsdraht gelegt und an einen kleinen Signalgenerator angeschlossen. Der Mähroboter erkennt nun sein Revier. Ganz egal, welche Form der Garten hat, das Gerät mäht den Rasen selbsttätig. Durch Sensoren erkennt der intelligente Mäher jedes bewegliche oder unbewegliche Hindernis, zum Beispiel Tiere oder Baumstämme, und vor allem die Begrenzungen. Er stoppt oder umfährt das Hindernis. Das Schnittgut bleibt als Mulch liegen. Der Mäher ist mit aufladbaren Akkus ausgestattet. Deshalb ist er mit 55 kg Gewicht sehr schwer.

Der Mähroboter wird von verschiedenen Anbietern bereitgehalten. Im Wesentlichen handelt es sich aber immer um das gleiche Grundmodell des Herstellers „Friendly Machines". Es wird unter anderem mit dem Namen „Robomow" und „Roboclip" angeboten.

Mit allem Komfort

Ein Händler von Gartengeräten berichtete den Autoren: Bei ihm hat eine ungefähr 75 Jahre alte allein-

Der Mähroboter macht alles alleine.

Rasenpflege

stehende rüstige Gartenfreundin einen Aufsitzmäher mit nur allen denkbaren Arbeitsmöglichkeiten und Bequemlichkeiten im Wert von cirka 9000 Euro erworben. Sie bedient das Fahrzeug selbst. Ihre Rasenfläche umfasst lediglich etwa 350 m^2. Das Gerät ist jedoch für wesentlich größere Flächen konzipiert.

Hieran kann man erkennen, welchen hohen Stellenwert der Garten und das selbstständige Tun darin haben kann. Auch wenn das beschriebene Beispiel ohne Zweifel eine besondere Ausnahme darstellt, so spiegelt es in der Tendenz doch die Entscheidungen vieler älterer Gartenfreunde wider, sich Arbeitserleichterungen für den geliebten Garten auch mittels hochwertiger Geräte zu verschaffen, die manchmal viel Geld kosten. In den meisten Fällen muss man davon ausgehen, dass die Käuferinnen und Käufer die Kaufentscheidung sorgfältig abgewogen haben. Sie haben für sich persönlich die Wertigkeit festgelegt. Niemand hat das Recht, dieses zu kritisieren, jedenfalls niemand, der die näheren Umstände nicht kennt. Das entbindet aber die Händler von solchen Geräte nicht von der Pflicht zur seriösen, kundenorientierten Beratung.

Bedenken und Warnungen bezüglich Umweltbelastungen

Nachfolgend zitieren wir auszugsweise Warnungen zum Einsatz benzingetriebener Geräte aus dem „Verbrauchertipp" der Verbraucherzentrale Kassel vom 1. März 2002:

„Die benzingetriebenen Gartengeräte sind für einen großen Teil der Kohlenwasserstoff-Emissionen aus Motoren verantwortlich. Abgaskatalysatoren für Kleingeräte sind weder vorgeschrieben noch üblich. Rasenmäher und andere Hobbygeräte mit Verbrennungsmotoren…können die Gesundheit ihrer Nutzer durch einen beträchtlichen Ausstoß von krebserregendem Benzol gefährden… Neue Motorentechniken, Katalysatoren und Spezialbenzin könnten da Abhilfe schaffen. In den USA sind sie bereits seit

Intelligente Arbeitstechniken

1995 Standard. Um die Umweltbelastungen klein zu halten, sollten alle benzingetriebenen Geräte mit Super-Plus-Benzin betankt werden. Hier ist der Benzolgehalt mit einem Prozent nur halb so hoch. Noch besser ist aromatenfreies Spezialbenzin, das allerdings doppelt so teuer und nur im Fachhandel erhältlich ist. Neu auf dem Markt gibt es außerdem abgasreduzierte Rasenmäher, die zumindest mit einem ungeregelten Katalysator ausgerüstet sind."

Man sollte diese Worte und Ratschläge ernst nehmen.

Transporthilfen für den Garten

Sackkarren

"Wir können uns das Transportieren von schweren Lasten vom Parkplatz zu unserem Garten in der Kleingartenanlage ‚Grönland' in Berlin ohne die klappbare Karre gar nicht mehr vorstellen."
So urteilten Freunde der Verfasser zwei Jahre, nachdem sie die „RuXXac-cart light" Transportkarre des Herstellers Braucke, Bielefeld, zum Geschenk erhalten hatten.

"Sie dient uns beim Heranholen von Kalk-, Dünger- und Rindenmulchsäcken, Baustoffen, Getränkekisten und vielem mehr. Wir benutzen sie, um das Obst und anderes Erntegut vom Garten zum Auto zu bringen. Wir haben ja ungefähr 300 m Wegstrecke zum Parkplatz",
ergänzten sie.

Weil man diese Transportkarre auf knapp 6 cm Dicke zusammenfalten kann und sie dann 48 cm breit und 65 cm lang ist, nimmt sie im Auto und während der Lagerung nur wenig Platz weg. Ihr Eigengewicht beträgt lediglich 4,2 kg und hat doch eine Tragkraft von 80 kg. Damit ist es möglich, fast alle Transporte im Kleingartengelände und im Hausgarten sowie unterwegs durchzuführen. Auch beim Einkaufen kann sie nützlich sein. Ihre großen Räder erleichtern das Rollen auf unebenem Gelände. Das Transportgut wird mit einem dehnbaren Band gegen Herabfallen gesichert. Das Gerät ist mit einem ausklappbaren Bügelgriff ausgerüstet, der von oben angefasst wird, so dass die Hände auch an engen Stellen nicht verletzt werden.

Die faltbare Sackkarre „RuXXac-cart light" ist vielseitig einsetzbar. Sie wiegt nur 4,2 kg.

Auf die bekannten herkömmlichen, nicht zusammenklappbaren Sackkarren wird hier nicht eingegangen. Sie zu verwenden ist aber allemal besser als sich ohne diese Transporthilfe zu quälen. Oft sind sie aber zu sperrig.

Intelligente Arbeitstechniken

Schubkarren

Die Schubkarre ist wohl *das* Transportgerät für den Garten schlechthin. Sie ist in fast jedem dieser kleinen Paradiese vorhanden.

Ohne darüber nachzudenken, gehen wir in der Regel davon aus, dass man unter „Schubkarre" diejenige mit nur einem Rad versteht. Zum Schieben von einrädrigen Schubkarren benötigt man zur Balance beide Hände. Mancher betagte Gartenfreund benötigt aber einen Gehstock, oder er will eine Hand für irgend etwas anderes frei haben. Dann ist eine Schubkarre oder eine ähnliche Transportkarre mit Achse und zwei Rädern vorzuziehen, die der Benutzer mit nur einer Hand ziehen oder schieben kann. Eine solche Karre kann kaum zur Seite kippen. Einrädrige Schubkarren muss man nicht nur balancieren, sondern mit ihr die Last auch anheben, also Kraft aufwenden. Das entfällt bei der Karre mit Achse und zwei Rädern fast gänzlich. Bei ihr kann man sich vornehmlich auf das Schieben oder Ziehen konzentrieren. Jede Karre, ob ein- oder zweirädrig, hat ihre Vor- und Nachteile.

Bei allen luftbereiften Karren soll der Luftdruck immer hoch sein. Ohne ausreichend hohen Druck lässt sich die Karre bekanntlich nur schwer schieben. Der Rollwiderstand steigt an.

Ein Wunschtraum jedes Hobbygärtners. Man muss sich das Leben nur leicht machen können, aber leider widerspricht diese Lösung allen physikalischen Gesetzen.

Verschiedene Transportkarren.

Transporthilfen

Falls der Gartenfreund eine neue Schubkarre kauft, sollte er darauf achten, dass die Reifenbreite groß ist. Schmale Reifen sinken auf weichem Untergrund – zum Beispiel auf regenweichem Boden – leicht ein, und das Schieben wird deshalb unnötig schwer.

Von leicht gebauten Schubkarren – gelegentlich „Karella" genannt – sollte man Abstand nehmen.

Größere Räder rollen besser über Hindernisse. Je dichter bei einer Schubkarre die Mitte der Mulde über dem Drehpunkt liegt, umso leichter lässt sich die Last transportieren. Zwei Drittel der Last sollen vom Rad getragen werden. Beim Beladen der Karre ist immer darauf zu achten, die Last nach vorne hin zu lagern. Dann kommt diese physikalische Gesetz voll zur gewünschten Wirkung.

Eine faltbare Karre ist oft nützlich.

Faltbare Schubkarre

Für manche Personen und Zwecke ist eine faltbare Karre hilfreich. Die Rahmenteile bestehen aus Aluminium, die Mulde aus strapazierfähigem Gewebe. Sie wiegt leer nur 4 kg, und hat zusammengeklappt Abmessungen von 60 x 124 cm. Sie lässt sich gut im Auto verstauen, zum Beispiel, um zum Kleingarten oder zum Friedhof zu fahren. Bei Nichtgebrauch kann sie mittels einer Öse platzsparend an die Wand gehängt werden. Ein Klettverschluss verhindert das ungewollte Auseinanderklappen.

Das Volumen der geöffneten Mulde ist mit 70 Litern angegeben. Für hohe Gewichte ist diese Karre ungeeignet. Die Grenze dürfte bei ungefähr 10 kg liegen. Scharfkantige Transportmaterialien sollte man nicht in das Tuch legen. Es könnte beschädigt werden.

Auf der Außenseite des Tuches ist zwischen den Griffen eine dreigeteilte nützliche Tasche zur Aufnahme von diversen Kleingeräten aufgenäht.

Eine uns bekannte cirka 80 Jahre alte Gärtnerin aus Leidenschaft hat eine solche Karre schon seit längerer Zeit im Gebrauch und lobte sie sehr.

Man kann sie Platz sparend zusammmenlegen...

...und sie hat drei Taschen für Kleingeräte.

Intelligente Arbeitstechniken

Transport in Körben, Eimern und in anderen Behältern

Körbe und Eimer aller Art sind altbewährte Gefäße zum Sammeln und zum Abtransport verschiedenartigster Dinge. Das wird wohl auch so bleiben. Eine kleine Auswahl soll nur andeuten, worum es geht: Aufgelesene Steine, Unkraut oder allerlei Pflanzenreste von Pflege- oder Erntearbeiten.

Mit diesem „Sammelboy" genannten Korb braucht man sich nicht so tief zu bücken.

Zum Hochheben und zum Absetzen des Gefäßes muss man sich aber leider zum Griff oder Henkel herunterbeugen, was manchen Gartenfreunden Mühe bereitet. Solchen leidgeplagten Personen kann eventuell der so genannte „Sammelboy" dienlich sein. Diese praktische Arbeitshilfe besteht aus einem Leichtmetallgestell.

In den unteren Teil wird ein dazu gehöriger Korb mit ungefähr 24 Liter Volumen für das Sammelgut gesetzt. Dazu gehört ein zwischen 58 und 67 cm höhenverstellbarer Griff. Dadurch braucht man sich je nach Körpergröße nur geringfügig oder gar nicht zu beugen, um den über dem Schwerpunkt liegenden Griff zu ergreifen, den Sammelboy zusammen mit dem Korb anzuheben und wegzutragen. Das Gestell mit dem Korb darin liegt im Gleichgewicht, so dass das Tragen angenehm ist, solange die Last des Transportgutes nicht zu hoch wird. (Lieferfirma: Wilhelm Förster KG.)

Transporthilfen

Tragehilfen für Kübel

Kübelpflanzen erleben seit geraumer Zeit eine Renaissance, sie werden immer beliebter: Fuchsien, Engelstrompeten, Palmen, Oleander, Schmucklilien, Wandelröschen, Tibouchina und viele andere mehr. Bei guter Pflege erreichen sie oft ein langes Leben. Wenn sie in großen Gefäßen stehen, machen sie wegen ihres hohen Gewichts oft viel Mühe. Gewichte bis 30 kg sind keine Seltenheit, vor allem, wenn sie in die schönen Terrakotta-Kübel gepflanzt sind.

Im Herbst müssen sie an einen frostsicheren Ort gebracht werden und im Frühjahr erfolgt das Ausräumen auf die Terrasse, den Balkon oder in den Garten.

Zu zweit und mit dem Transport-Trageband geht das Tragen von Kübelpflanzen einfach.

Verständlicherweise ist das besonders bei älteren Menschen keine beliebte Tätigkeit, da viele Kübel keine Griffe haben.

Lässt der Transportweg wegen Treppen oder hängigem Gelände das Rollen nicht zu, muss getragen werden. Dafür gibt es Tragehilfen: Im Fachhandel werden Tragegurte angeboten, die außen um den Kübel herum gelegt werden. Das Gurtende wird in ein Klemmschloss eingeführt und das Schloss gespannt. Nun sitzt der Gurt stramm. Mit Hilfe von zwei eingearbeiteten Griffen können zwei Personen rechts und links anfassen und den Kübel heben, tragen und versetzen.

In der Regel sind die Kübel konisch geformt. Sie haben oben einen größeren Durchmesser als unten. Dadurch zieht sich der Gurt beim Hochheben von selbst fest. Solche Gurte sind notwendig, wenn weder Griffe noch ein umgebogener Rand als Wulst vorhanden sind. Man muss darauf achten, dass die verschiebbaren Griffe genau gegenüber sitzen, damit der Pflanzenkübel beim

Der Tragegriff des Transportbandes.

Intelligente Arbeitstechniken

Dieser Tragegriff wird unter dem Kübelrand eingehängt.

Hochheben nicht kippt. Die Last wird auf zwei Personen verteilt und damit halbiert. In zahlreichen Fällen ist das Gewichts- und Transportproblem damit gelöst.

Wir fanden im Fachhandel zwei sehr ähnliche Modelle: Die Firma Werga schwört auf ihren „Kübel-Muli". Seine Griffe bestehen ebenso wie der Gurt aus stabilem gewebtem Band. Der von der Firma Ebert vertriebene „Carry-All"-Gurt hat zwei Griffe aus gut geformtem Kunststoff.

Ebert hat außerdem zwei Griffe im Angebot, die ohne den oben beschriebenen Gurt eingesetzt werden. An den Griffen ist je ein kräftiger Metallbügel angebracht, der so geformt ist, dass er unter einen wulstig umgebogenen Rand von Kunststoffkübeln greift. Die Bügel sind schnell eingehängt, und zwei Personen können den Kübel hochheben und wegtragen. Für Kübel ohne einen wulstigen Rand sind diese Griffe jedoch nicht geeignet. Hier muss der Gurt verwendet werden.

Am bequemsten ist das Rollen des Kübels. Mittels den beschriebenen Hilfen wird er auf einen passenden Rollwagen mit stabilen, kugelgelagerten Rädern gehoben und weggerollt statt getragen, wo es möglich ist. Manche Kübel sind bereits herstellerseits mit Rollen ausgestattet.

Auf rollbaren Untersetzern geht der Transport sehr leicht.

Bewässerung im Garten

Zu dem umfangreichen Thema Bewässerung im Garten könnte man ein eigenes Buch schreiben, so vielseitig ist es. Nach Meinung der Verfasser ist das Geräte- und Systemangebot der Firma Gardena zum Thema Bewässerung am umfangreichsten. Es lässt kaum Wünsche offen, und der Anbieter überrascht immer wieder mit Neu- und Fortentwicklungen.

Als Faustzahl gilt: 15 bis 20 Liter Wasser in 24 Stunden je m^2.

Die Bewässerung im Garten mit Kannen, Regnern oder Schläuchen sollte möglichst in den Morgenstunden stattfinden, damit die Pflanzen tagsüber durch Sonneneinstrahlung und Luftbewegung schnell abtrocknen können. Dadurch wird bekanntlich Pilzerkrankungen der Pflanzen wirksam vorgebeugt.

Eine intensive und den Boden tief durchdringende Bewässerung in größeren Zeitabständen ist für das Pflanzenwachstum besser als häufiges Wässern mit jeweils nur wenig Wasser. Deshalb kann es sinnvoll sein, bei schwachem Regen zusätzlich künstlich zu wässern. Als Faustzahl gilt: 15 bis 20 Liter Wasser in 24 Stunden je m^2.

Das Wassertragen in Kannen oder Eimern ist im Alter anstrengend, weshalb sich grundsätzlich das Bewässern mit Schläuchen empfiehlt. Doch auch das Halten des Schlauches im Stehen kann auf Dauer eine anstrengende Sache sein, die den Rücken oder andere Körperteile belastet. Es kommt eventuell noch die auf den Körper einwirkende Feuchtigkeit hinzu. Dieses um so mehr, wenn die

Intelligente Arbeitstechniken

Witterung kühl und die Kleidung nicht entsprechend ausgewählt ist. Das Tragen von Gummihandschuhen, Stiefeln sowie Feuchtigkeit abweisender Kleidung ist sinnvoll.

Man sollte nur hochwertige, lichtundurchlässige Schläuche kaufen. In lichtdurchlässigen Schläuchen können sich allmählich Algen ansiedeln, die den Wasserdurchfluss beeinträchtigen. Billigprodukte sind in der Regel wenig flexibel und werden im Laufe der Zeit hart.

Gelegentlich werden in Trockenperioden Regner aufgestellt. Sie schonen die körperlichen Kräfte, verbrauchen aber viel Wasser. Auf Trinkwasser zum Bewässern sollte möglichst verzichtet werden. Zwischen die Pflanzen verlegte Tropfschlangen oder Tropfbewässerungen benetzen die Pflanzen nicht von oben. Lediglich der Bodenbereich unterhalb der Tropfstelle wird durchfeuchtet. Bei Verwendung dieser einfach zu verlegenden Systeme wird deutlich weniger Wasser verbraucht. Das ist die umweltfreundlichste Methode. Die oberirdischen Pflanzenteile bleiben trocken. Die Vorteile davon wurden bereits weiter vorne erwähnt.

Das Entleeren der im Garten verlegten Leitung im Spätherbst, rechtzeitig vor dem ersten Frost, darf nicht vergessen werden. Das schützt vor unangenehmen Überraschungen durch geplatzte Leitungen.

In diesem Zusammenhang sei auch auf die verschiedenen Wasserzeitschaltuhren hingewiesen, die den Wassereinsatz zeitlich begrenzen.
Auch das Verlegen einer Wasserleitung im Garten mit Anschlussmöglichkeiten an verschiedenen Stellen kann eine sinnvolle und arbeitserleichternde Maßnahme sein. Wenn man diese bereits in jungen Jahren durchführt, wird man im Alter froh darüber sein.

Es ist Arbeit vereinfachend, wenn die Wasseranschlüsse im Garten erhöht angebracht sind. In diesem Fall entfällt das Bücken beim Anschließen des Gartenschlauches. Das Entleeren der im Garten verlegten Leitung im Spätherbst, rechtzeitig vor dem ersten Frost, darf nicht vergessen werden. Das schützt vor unangenehmen Überraschungen durch geplatzte Leitungen.

Bewässerung

Schlauchwagen

Schlauchwagen sind allgemein bekannt und weit verbreitet. Sie erleichtern den Umgang mit Schläuchen und das Wässern ganz erheblich. Von mehreren Herstellern werden unterschiedliche Modelle von einfach bis komfortabel angeboten. Gardena hat zwei Neuerungen auf den Markt gebracht, die unserer Meinung nach vielen älteren Menschen Erleichterungen bringen können.

Mit der so genannten „Roll-up-Technik" wird beim Ziehen des Wagens der Schlauch ausgelegt und beim Schieben selbsttätig wieder aufgerollt (Modell „Schlauchmobil 30 roll up").

Der Schlauchwagen 60 TS besitzt eine Schubgabel, die teleskopartig verlängerbar ist. Sie lässt sich der Körpergröße anpassen und schont somit den Rücken.

Schlauch- und Kabelrollen sparen Kraft

Wer kennt nicht das oft mühsame Ziehen und Zerren am wassergefüllten Gartenschlauch? Anstrengend und lästig wird es insbesondere dann, wenn er auch noch um Ecken, Biegungen, Bäume oder andere Hindernisse herum gezogen werden muss. Hierbei ist zusätzlich darauf zu achten, dass die Schlauchoberfläche nicht beschädigt wird. In solchen Situationen schafft die praktische Schlauchrolle Abhilfe. Mit ihr ist es leicht möglich, die Richtung zu ändern und den Schlauch um Ecken und Hindernisse herum zu führen. Die Schlauchoberfläche wird dabei vor Abrieb geschont. Berufsgärtner verwenden die Rollen bei ihrer Arbeit seit Jahrzehnten. Zunehmend setzen auch Freizeitgärtner sie erfolgreich ein. Der in Potsdam und weit darüber hinaus vielen gut bekannte schon fast neunzig-jährige „Inselgärtner" von der wunderschönen Freundschaftsinsel in der Hauptstadt Brandenburgs hat viele davon in seinem herrlichen Staudengarten. Er weiß, warum.

Störende Hindernisse, wie dieser Pfosten, werden mit einer Schlauchrolle leicht umgangen.

Die für Hobbygärtner angebotenen Rollen bestehen aus drei konkav geformten Rollen. Eine ist quer, zwei

Intelligente Arbeitstechniken

Diese Schlauchrolle wird in den Boden geschraubt. Vorteil: Sie ist drehbar.

Schlauchrollen eignen sich auch zum schonenden Führen von Elektrokabeln, beim Rasenmähen, Vertikutieren usw.

sind senkrecht dazu angeordnet. Der Wasserschlauch wird von oben her in die U-förmige Öffnung eingelegt. Beim Ziehen am Schlauch entsteht nur geringer Rollwiderstand. Der nötige Kraftaufwand wird gesenkt, das Material geschont.

Im Handel sind verschiedenartige Rollen erhältlich. Manche Modelle besitzen einen als kräftige Schraube gearbeiteten Fuß, der ungefähr 20 cm tief in die Erde eingedreht wird. Das ist Kraft sparend. Außerdem können solche Kunststoff-Modelle aus Polypropylen um bis zu 360° gedreht werden. Andere Hersteller bieten die Rollen aus verzinktem Eisen an. Ihr Fuß ist zum Einstecken gefertigt.

Es gibt auch Modelle, die an Pfosten, Hausecken oder -wände angeschraubt werden können (beide von der Firma Flora). Sie eignen sich überall dort, wo es nicht möglich ist, sie in die Erde zu stecken oder zu drehen, zum Beispiel auf gepflasterten Flächen. So wird es möglich, den Schlauch auch dicht an Häusern entlang zu führen, ohne dass der Schlauch Schaden erleidet.

Schlauchrollen eignen sich auch zum schonenden Führen von Elektrokabeln, die beim Rasenmähen, Vertikutieren usw. benötigt werden. Die Anschaffungskosten liegen bei etwa fünf bis sechs Euro je Schlauchrolle.

Bewässerung in Balkonkästen oder Pflanzenkübeln

Im Allgemeinen ist das Gießen von Kästen und Kübeln nicht anstrengend. Trotzdem wollen wir dazu einige Gedanken beitragen.

Pflanzen in Balkonkästen oder Pflanzenkübeln werden häufig mit Gießkannen gegossen. Je größer eine Kanne ist, desto mehr Wasser wird zwar transportiert, aber desto schwerer hat man auch zu tragen. Weiterhin ist mit einer großen Kanne das Gießen wegen der erhöhten Unhandlichkeit schwieriger als beim Einsatz einer kleinen Kanne.

Als Kräfte sparende Alternativen werden halb- und vollautomatisch arbeitende Bewässerungsanlagen für Kübel

Bewässerung

und für Balkonkästen angeboten. In der Regel wird mit diesen Systemen das Wasser tröpfchenweise an die Erde abgeben.

Auch für Balkonkästen gibt es Arbeit sparende Bewässerungssysteme.

Als Vorteile sind zu nennen:
- Wasserersparnis durch verringerten Verbrauch.
- Kein Wassertransport mittels Gießkanne.
- Die Pflanzen bleiben bis zum nächsten Regen oberirdisch trocken, wodurch Pilzbefall eventuell eingeschränkt wird.
- Durch Zeitschaltuhren oder Feuchtigkeitsfühler ist die Wasserversorgung auch im Urlaub oder bei sonstiger Abwesenheit gewährleistet.

Anbieter sind unter anderem Gardena, Beckmann KG, Bahrs Technik und Ortmann.

Gardena bietet den Micro-Drip für Beet- oder Balkonkastenbewässerung mit oder ohne Bewässerungs-Computer an. Für den technisch interessierten Gartenfreund gibt es viele weitere Möglichkeiten, sich die Bewässerung zu erleichtern. Informieren Sie sich im Garten-Fachgeschäft oder Gartencenter in Ihrer Nähe.

Für Pflanzkübel und Balkonkästen werden in jüngerer Zeit zunehmend auch Gefäße mit mehreren Litern Wasservorrat angeboten, der zum Beispiel durch ein zusätzliches „Bodensieb" von der durchwurzelten Erde getrennt ist. Die Gefäße werden über einen Einfüllstutzen oder auf andere Weise mit Wasser gefüllt. Manchmal kann man durch ein Sichtfenster an einem farbigen Ball oder einer Markierung erkennen, ob der Wasserstand im optimalen Bereich liegt. Man kennt das von der Hydrokultur. Einige Modelle sind mit einem Überlauf versehen, so dass nicht zu viel Wasser gegeben werden kann.

Zum Schluss machen wir auf eine neuartige Gießkanne aufmerksam: Sie ist zusätzlich zu dem üblichen Bügelgriff in Längsrichtung außerdem noch mit einem beweglichen Griff quer dazu ausgestattet. Man kann die Kunststoffkanne also mit beiden Händen halten, was sicherlich manche oder mancher als angenehm und als Erleichterung empfinden wird. Ihre Brause ist durch Drehung auf „normal" und auf „Strahl" einstellbar. Hersteller ist die Firma Ebert.

Erleichterungen und Tipps

Sonstige Erleichterungen und Tipps

Gemüselagerung in der Waschmaschinentrommel

Nein, selbstverständlich sollen Sie Ihr Gemüse aus dem eigenen Garten nicht in der Waschmaschine reinigen oder gar aufbewahren. Es geht um Folgendes: Im Allgemeinen sind die Keller unserer Wohnhäuser zur längeren Aufbewahrung vieler Gemüsearten ungeeignet. Sie sind zu warm, und die Luftfeuchte ist zu gering. Kühle Keller findet man fast nur noch in alten Häusern.

Eine ausrangierte Waschmaschinen-Trommel als Einlagerungstonne.

Es gibt einen Ausweg: Lagerfähige Gemüse wie Möhren, Knollensellerie, Rote Rüben, Meerrettich, Kohlrabi, Wurzelpetersilie oder Pastinaken und auch Kartoffeln in kleinen Mengen können oft monatelang ohne nennenswerte Qualitätseinbußen in ausgesonderten Waschmaschinentrommeln gelagert werden. Die bewährte Methode ist zwar nicht mehr ganz neu, aber dennoch noch nicht allgemein bekannt. Die Trommeln von Waschmaschinen bestehen bekanntlich aus Edelstahl und rosten deshalb nicht. Solche von „Topladermaschinen", die von oben zu befüllen sind, werden im Garten vollständig in die Erde eingegraben. Der klappbare Verschluss kommt nach oben. Bei Frostgefahr kann durch Abdeckung mit Isoliermaterial die Temperatur in der Trommel oberhalb des Gefrierpunktes gehalten werden. Das Eindringen von Regenwasser sollte verhindert werden.

Waschmaschinenhändler sammeln auf ihrem Betriebshof gelegentlich von Kunden zurückgenommene Altmaschinen, aus denen man vielleicht die Trommeln ausbauen darf, wenn man höflich fragt. Man wechselt selbst ja nicht so oft die Waschmaschine, aus der man die für den Garten vorgesehene Trommel entfernen kann. Aber man kann frühzeitig die Trommel einer ausgesonderten Maschine ausbauen, um sie zu einem späteren Termin einzugraben, wenn man Zeit dazu hat.

Edelstahltrommeln von Waschmaschinen, die von vorne beladen werden, haben keinen eigenen Verschluss. Wenn man sie trotzdem verwenden will, muss

Intelligente Arbeitstechniken

Erspart das Bücken: Kalksandstein im Einsatz.

man sich eine Ersatzlösung einfallen lassen. Zur Gemüselagerung denkbar wäre auch die Verwendung im Handel befindlicher durchlöcherter Metalltrommeln, die im Haushalt zur Aufbewahrung von Schmutzwäsche dienen, ehe sie in die Waschmaschine gelegt wird. Es sollte aber Edelstahl sein. Andernfalls rosten sie früher oder später. Es ist auch denkbar, anstelle der genannten Trommeln stabile Plastikgefäße mit Deckel einzugraben. Ihr Boden sollte mit Abzugslöchern für Wasser versehen werden.

Kalksandsteine zur Gerätehalterung

Bei der Bodenbearbeitung und ähnlichen Tätigkeiten muss oft das Arbeitsgerät gegen ein anderes ausgetauscht werden, zum Beispiel der Spaten oder die Grabegabel gegen den Rechen oder umgekehrt. Während des Grabens liegt der Rechen meistens auf dem Boden und muss hochgehoben werden, wenn er zum Ebnen des gegrabenen Stückes benutzt werden soll.

Es gibt viele ähnliche Beispiele, bei denen das Gerät zum Einstechen in den Boden ebenfalls nicht geeignet ist: Rechen, Hacken aller Art, Pendelhacke, Schaufel, Kultivator, Besen, Laubharke oder Vierzahn. Zum Hochheben muss man in die Knie gehen, oder der Rücken muss jedes Mal gebeugt werden.

Wer sich darüber ärgert, dem sei folgender Trick verraten: Im Baustoffhandel erhältliche Kalksandsteine sind mit Löchern versehen, zum Beispiel mit je vier Löchern von 3,7 cm bzw. 2,6 cm und zwei Löchern von je 2,3 cm Durchmesser, in die man die Stielenden der Gartengeräte aufrecht hineinsteckt. Das Werkzeug zeigt nach oben. Deshalb ist Vorsicht geboten: Verletzungen können nicht ausgeschlossen werden.

Beim Wechseln der Arbeitstätigkeit und damit der Geräte entfällt das leidige Bücken. Man braucht lediglich das andere Gerät zu ergreifen. Nachteil: Der Stein wiegt immerhin sechs Kilo. Jeder muss selbst entschei-

Erleichterungen und Tipps

den, welches Übel – einmaliger Transport eines schweren Steines oder häufiges Bücken – für ihn das kleinere darstellt. Man kann sich auch mehrere Steine über den Garten verteilt hinlegen – überall dorthin, wo sie benötigt werden. Das Gewicht von 6 kg stellt eine solide Sockelbasis gegen die Hebelkraft und das Umfallen der langen Stiele dar. Die durchlöcherten Kalksandsteine können auch im Schuppen oder Keller gut zur übersichtlichen Aufbewahrung der Gartengeräte eingesetzt werden.

Kehrboy mit Stiel

Der Kehrboy mit Stiel ist aus Aluminium gefertigt und deshalb nicht rostend. Er besitzt einen Stiel, so dass man sich beim Hineinkehren des Schmutzes in die Schaufel nicht bücken muss. Er hat Vorbilder aus der Hausreinigung und der Reinigung öffentlicher Flächen. Die Schaufel bietet reichlich Volumen zum Aufnehmen von Kehricht und Unrat.

Der Kehrboy erleichtert das Fegen.

Und was ist mit Laubsaugern?

Durch Motoren angetriebene Laubsauger werden angeboten, um das Entfernen von herbstlichem Laub im Garten zu erleichtern.

Die Autoren lehnen solche Geräte für den Gartengebrauch aus Gründen des Naturschutzes jedoch ab. Wir empfehlen stattdessen, die herabgefallenen Blätter von Bäumen und Büschen auf herkömmliche Weise mit dem Rechen zusammenzuharken. Mit dem Saugen werden nämlich nicht nur die abgestorbenen Blätter entfernt, sondern auch viele Kleinlebewesen wie Asseln, Spinnen, Käfer und andere, die im Garten in vielerlei Weise nützlich sind oder anderen Tieren als Nahrung dienen. Es ist beim Aufsaugen nicht möglich, Schädlinge von Nützlingen zu trennen. Beim Zusammenharken des Laubes anstelle des Saugens dagegen verbleiben die Kleinlebewesen überwiegend in der Grasschicht. Außerdem verbrauchen diese Gräte Energie, und sie machen unnötig Lärm.

Intelligente Arbeitstechniken

Ordnung halten

„Ordnung ist das halbe Leben." Wer kennt nicht diesen oft ausgesprochenen Satz aus Elternhaus, Schule und Beruf. Der dagegen lässig verwendete anders lautende Spruch heißt: „Wer Ordnung hält, ist zu faul zum Suchen."

Wir alle wissen, und haben es bestimmt auch selbst erlebt, wie viel Zeit man damit verbringt, etwas zu suchen oder erst in Ordnung zu bringen oder zu reparieren, weil man es beim letzten Gebrauch einfach weggestellt hat. Jeder hat natürlich seine eigene Ordnung. Aber dort, wo auf einen Blick sofort alles gefunden und vorhanden ist, geht alles viel schneller und reibungsloser. Arbeitsgeräte für den Garten unterliegen den gleichen Gesetzen.

Kleingeräte können mit in einer handlichen Arbeitsschale oder einem Gartenkorb ohne Schwierigkeiten transportiert werden. Man hat stets alles zusammen und braucht nicht zu suchen. Auch das Reinigen der gebrauchten Geräte ist wegen der Übersichtlichkeit ein Kinderspiel, man muss es halt nur durchführen.

Geräteleisten, Gerätehalter

Eine gute Ordnung bei den Gartengeräten spart viel Zeit und Mühe.

Arbeitsgeräte wie Spaten, Harken, also alles mit Stielen, können natürlich in einer beliebigen Ecke der Gartenhütte oder der Garage abgestellt werden. Wenn diese Ecke voll gestellt ist, findet man bestimmt noch eine zweite oder dritte, die man auch entsprechend zu nutzen weiß. Selbstverständlich weiß jeder, dass dieses nicht der Idealzustand ist.

Eine Metalltonne als Gerätehalter ist stabiler und kippt weniger leicht um als eine Plastiktonne.

Eine häufig gesehene Lösung ist die Verwendung einer ausgedienten Mülltonne, in die man die vorhandenen Gartengeräte einstellen kann. Wenn die Tonne aus Metall ist, besteht geringere Kippgefahr als bei einer Kunststofftonne.

Eine noch bessere Möglichkeit – auch wegen der Übersichtlichkeit – ist das Anbringen von Geräteleisten oder Gerätehaltern. Hier hängen die Gartengeräte nebenein-

Erleichterungen und Tipps

Geräteleisten schaffen Ordnung bei den Gartengeräten.

ander, und es ist jederzeit zu erkennen, ob ein Gerät fehlt. Außerdem kann man sofort übersehen, wie es mit der Sauberkeit bestellt ist. Das Überprüfen auf Beschädigungen ist ebenfalls leicht, sofern man dieses nicht bereits bei der Arbeit gemerkt hat. Manchmal rutschen die Stiele aber durch. An Holzstielen vermeidet man das durch eine flache Kerbe, dort, wo der Halter greifen soll. Die Firma Braucke bietet Halter mit Klemmfedern an, wodurch die Geräte immer fest angedrückt werden.

Schlauchhalter

Auch das Weghängen von Wasserschläuchen ist sinnvoll. Der nicht mehr benötigte Schlauch braucht nicht im Garten oder auf einem Weg zu liegen und dort den Winter zu verbringen. Es besteht durch solch ein fahrlässiges Liegenlassen zusätzlich eine Stolpergefahr mit unangenehmen Folgen. Abhilfe schafft ein Wandschlauchhalter. Bei dieser einfachen Lösung wird der Wasserschlauch per Hand über eine nach oben hin halbrunde Aufhängevorrichtung aufgewickelt.

Eine komfortablere Lösung ist ein Wandschlauchträger. Bei diesem wird der Schlauch auf eine sich drehende Rolle aufgewickelt.

Beide Geräte werden an der Wand befestigt. Dieses sollte natürlich in passender Körperhöhe erfolgen, um unnötige Bück- und Streckarbeiten zu vermeiden.

Intelligente Arbeitstechniken

Ein praktischer Helfer: Der Schlauchhalter.

Es gibt auch tragbare Möglichkeiten. Mit der Schlauchbox kann der aufgewickelte Schlauch an jeden beliebigen Ort im Garten transportiert werden. Wem diese Möglichkeit zu schwer ist – auch ein leerer Wasserschlauch hat ein nicht zu unterschätzendes Gewicht –, kann auf Schlauchwagen mit Rädern zurückgreifen. Hiermit kann der Schlauch, ohne dass man ihn tragen muss, zu seinem Einsatzort gerollt werden.

Vergessen Sie nicht, die Wasserschläuche beim Aufwickeln zu entleeren. Dadurch wird unnötige Transportarbeit vermieden. Außerdem kann beim Aufbewahren an einem nicht frostsicheren Ort das Wasser zu Eis gefrieren und der Schlauch beschädigt werden.

Den Biorhythmus beachten

> *„Die Beschwerden hängen wesentlich von der Länge des Einsatzes ab. Nur vier Stunden am Tag. Abhilfe: Zuerst schwere Arbeiten, dann die leichteren."*

So macht's ein 60 bis 70 Jahre alter Gartenfreund aus Luxemburg.

In jüngeren Jahren konnte man mehrere Stunden hintereinander durcharbeiten, ohne das als besondere Belastung zu empfinden. Mit steigendem Alter fällt das schwerer. Tätigkeiten, die die volle Aufmerksamkeit und Konzentration erfordern, soll man nur ausgeruht erledigen. Andernfalls steigen die Verletzungs- und Unfallgefahren.

Beachten Sie den Biorhythmus: Vormittags – insbesondere zwischen ungefähr 9 und 11 Uhr – haben wir die höchste geistige und körperliche Leistungsfähigkeit und -bereitschaft. Am frühen Nachmittag – etwa zwischen 13 und 15 Uhr – sind sie am geringsten. Dieser Zeitraum ist folglich für anspruchsvolle, eventuell gefahrenträchtige, Arbeiten im Garten ungeeignet. Dazu zählen zum Beispiel erhöhte Aufmerksamkeit erfordernde Tätigkeiten auf Leitern oder der Umgang mit Maschinen, Sägen und anderen Schneidgeräten.

Wenn die geistige Leistungsfähigkeit und die Konzentration auf die zu erledigende Arbeit hoch ist, ist die Fehlerhäufigkeit niedrig. Andernfalls ist es umgekehrt.

Fehlerkurve und Tagesrhythmus der menschlichen Leistungsbereitschaft.

Intelligente Arbeitstechniken

Vom Ausruhen

„Ich bin 92 Jahre alt, und ich muss leider feststellen, dass ich seit meinem 91. Lebensjahr während der Arbeit öfter eine Pause einlegen muss."

Ein beneidenswerter Gärtner!

Die meisten von uns werden diese Erfahrung schon deutlich früher machen. Die Leistungsfähigkeit lässt eben mit zunehmendem Alter doch nach.

Nach getaner Arbeit ist gut ruhen.

Im Alter, insbesondere während und nach Gartenarbeit, soll man nicht nur viel trinken sondern auch öfter Pausen einlegen und zwischendurch gymnastische Übungen zur Entspannung durchführen.

Im Garten für alte Menschen müssen viele Sitzgelegenheiten vorhanden sein: Bänke, Stühle, Sessel, Hocker und auch Liegestühle.

Man will sich ja auch an dem Geleisteten erfreuen. Bänke und zusätzliche Sesselbieten darüber hinaus Platz für weitere Personen, mit denen man die Zeit gemeinsam verbringen kann, um ein Schwätzchen zu halten, um etwas zu trinken oder um selbst geerntetes Obst zu essen.

Ein schattiger Ruheplatz im Garten.

Und noch eines: Fangen Sie zum Beginn der Gartensaison im Frühjahr verhalten an und muten Sie sich nicht zu viel auf einmal zu. Steigern Sie ihr Arbeitspensum allmählich. Denn eines ist im Alter sicher, obwohl man es immer wieder zu vergessen scheint: Sie haben Zeit.

Poesie

An dieser Stelle wollen wir einmal einen Moment innehalten und uns der Poesie hingeben.
Alle Gärtner und Gärtnerinnen haben eines gemeinsam: Sie „lieben" die Schnecken.

Die Schnecken

Rötlich dämmert es im Westen
Und der laute Tag verklingt,
Nur dass auf den höchsten Ästen
Lieblich noch die Drossel singt.

Jetzt in dichtbelaubten Hecken
Wo es still verborgen blieb,
Rüstet sich das Volk der Schnecken
Für den nächtlichen Betrieb.

Tastend streckt sie ihr Gehörne.
Schwach nur ist das Augenlicht.
Dennoch schon aus weiter Ferne
Wittern sie ihr Leibgericht.

Schleimig, säumig, aber stetig,
Immer auf dem höchsten Pfad,
Finden sie die Gartenbeete
Mit dem schönsten Kopfsalat.

Hier vereint zu ernsten Dingen
Bis zum Morgensonnenschein,
Nagen sie geheim und dringen
Tief ins grüne Herz hinein.

Wilhelm Busch

Wir lernen daraus, dass unser geliebter Wilhelm Busch ganz offensichtlich unter anderem auch Gärtner war.
Er konnte das Wirken der Schnecken in seiner unnachahmlichen Weise romantisch-ironisch in Worte fassen.
Wir gewöhnlichen Gärtner können bei der Schneckenplage nur seufzen und fluchen.

Geeignete Arbeitsgeräte fürs Alter

Jede Gartenfreundin und jeder Gartenfreund schätzt vertraute Geräte, die schon lange im Gebrauch sind.
Doch nicht alle diese alten Werkzeuge sind seniorengerecht. Mit ergonomisch gestalteten Gartenwerkzeugen geht vieles leichter.

Geeignete Arbeitsgeräte fürs Alter

Einfache alte Modelle von Gartenwerkzeugen und Gartenmaschinen werden nach und nach aus dem Angebot des Fachhandels verschwinden. Man wird sicherlich eines Tages – außer bei Billigprodukten – nur noch die verbesserten, hochwertigeren Produkte kaufen können. Das war schon immer so: Das Bessere ist des Guten Feind.

Ältere Gartenfreundinnen und Gartenfreunde sieht man in der Werbung kaum – obwohl sie eine große und kaufkräftige Verbrauchergruppe bilden.

Zur Zeit sind in den Gärten aber noch viele alte Modelle im Gebrauch. Man trennt sich manchmal nicht so leicht und so gerne von ihnen.

Wir regen an, sich offen und vorurteilsfrei den Neuentwicklungen auf dem Gerätemarkt zuzuwenden, sie auf ihre Eignung zur Linderung der eigenen körperlichen Beschwerden bei der Gartenarbeit zu prüfen und gegebenenfalls anzuschaffen. Diejenigen Geräte und Maßnahmen sollen vorrangig ins Auge gefasst werden, die den größten individuell möglichen Nutzen erwarten lassen. Die Freude am Gärtnern im dritten Lebensabschnitt soll doch möglichst lange erhalten bleiben.

Kaum gezielte Informationen

In der Werbung für Gartengeräte und Verbrauchsmaterialien im Garten kommen ältere Menschen nur sehr unzulänglich vor. Sie sind offensichtlich keine herausragende Zielgruppe, wie der Fachausdruck dafür heißt. Bei der Durchsicht von aktuellen Katalogen selbst renommierter und seit Jahrzehnten bestens eingeführter Marken findet man fast nie Abbildungen von Frauen oder Männern, deren Lebensalter höher als 50 ist, und kaum solche, die über 40 Jahre alt sind.

Im Katalog 2001 eines sehr bekannten Anbieters von Gartengeräten sind auf einem Bild sieben Personen zu sehen: Kinder, junge und allenfalls „mittel-alte" erwachsene Männer und Frauen – jedoch niemand über 50. Oma und Opa fehlen. Aber gerade diese sind es doch so oft, die den Enkeln Interesse, Staunen und Spaß über

Kaum gezielte Informationen

die Vielfalt im Garten vermitteln und so eine wichtige Aufgabe in der Naturerziehung übernehmen. Sie helfen mit, den Kleinen Verantwortungsbewusstsein gegenüber allem Lebenden zu vermitteln.

Es gibt doch eine Reihe von Indizien dafür, dass Hersteller und Handel für Gartengeräte die Gärtnerinnen und Gärtner im Seniorenalter – noch – nicht in dem Umfang wahrgenommen haben, der ihnen wegen der hohen und ständig ansteigenden Zahl tatsächlich zukommt. Das ist erstaunlich, denn die Hersteller von Maschinen und Geräten für den Garten haben in den vergangenen Jahren eine Reihe von Artikeln entwickelt oder fortentwickelt, die für ältere Freizeitgärtnerinnen und -gärtner gut geeignet sind und ihnen wirksam Hilfe und Erleichterung bringen können.

Es wurden viele Verbesserungen auf den Markt gebracht. Aber diese Vorteile und Verbesserungen wurden bisher kaum ausdrücklich als für ältere Menschen besonders empfehlenswert herausgestellt. Der ältere Freizeitgärtner wird nicht „mit der Nase darauf gestoßen".

Dasselbe gilt für Fachgeschäfte und die Fachabteilungen in Gartencentern. Dort werden Gartengeräte mit besonders guten Eigenschaften für Gärtnerinnen und Gärtner im Seniorenalter lediglich zwischen dem Gesamtsortiment präsentiert, statt deutlich sichtbar getrennt davon. Als Kaufinteressent muss man sie mühsam suchen, ohne zu wissen, ob es sie tatsächlich gibt.

Die Schulung des Verkaufspersonals in Gartenfachmärkten und somit mögliche Hilfestellungen für ältere Kundinnen und Kunden sind offensichtlich unzureichend.

Auch die Schulung des Verkaufspersonals und somit mögliche Hilfestellungen für die Kundinnen und Kunden sind in dieser Hinsicht offensichtlich unzureichend.

So kann man vermuten, dass manche Geräte nicht die Verbreitung und den Bekanntheitsgrad finden, die sie tatsächlich verdient haben. Das ist schade. Denn – um es nochmals zu betonen – die Zeit ist ja nicht stehen

Geeignete Arbeitsgeräte fürs Alter

Kinder werden im Gegensatz zu Senioren in der Werbung für Gartengeräte durchaus als eigenständige Gruppe herausgestellt.

geblieben, besonders was die Ergonomie, die körpergerechte Gestaltung der Geräte, und was deren häufig geringeren Gewichte betrifft. Wir meinen, das sollte sich ändern. Ältere Menschen sind sich durchaus bewusst, dass sie nicht mehr jung sind. Unserer Meinung nach braucht die Werbung keine Scheu davor zu haben, diese Erkenntnis zum beiderseitigen Vorteil aufzugreifen. Wir sind sicher, dass Werbe-Experten die richtigen, Erfolg garantierenden Mittel und Wege finden werden, um Senioren positiv zu stimmen, wenn sie als besondere Altersgruppe angesprochen werden, zumal, wenn ihnen Erleichterung bei der Gartenarbeit geboten wird.

Die oben für den Handel beschriebene Beobachtung ist leider kein Einzelfall. Auch in der Literatur, in Zeitschriften für Freizeitgärtner und auf dem Buchmarkt sucht man beinahe vergebens nach diesem wichtigen Teilgebiet des Freizeitgartenbaus, ein Bereich, der wegen der sich verändernden Alterspyramide nachweislich immer wichtiger wird. Lediglich in nicht allgemein zugänglichen Publikationen des deutschen Kleingartenwesens wird gelegentlich die soziale Bedeutung des Gärtnerns im Alter behandelt. Deshalb soll dieses Buch Abhilfe schaffen und dazu beitragen, dass auch andere sich eingehender mit Anregungen zum Gärtnern bei möglichst geringer Mühsal im dritten Lebensabschnitt befassen.

Kinder werden im Gegensatz zu Senioren in der Werbung für Gartengeräte durchaus als eigenständige Gruppe herausgestellt. Für sie gibt es altersgerecht gestaltete und der Körpergröße angepasste Geräte. Hoffen wir, dass zukünftig auch Senioren diesbezüglich besser beachtet werden, denn nichts ist so gut, als dass es nicht noch besser gemacht werden könnte.

Gerätestiele

Ursprünglich hatte jedes langstielige Arbeitsgerät seinen fest angebrachten Stiel, meist aus Holz. Seit vielen Jahren gibt es bekanntlich Kombinationsmöglichkeiten, bei denen an demselben Stiel abwechselnd und mühelos eine Vielzahl von Arbeitsgeräten angebracht werden kann. Dadurch wird es zum Beispiel auch möglich, dass kleine Personen in der Familie kürzere, große Personen dagegen längere Stiele für dasselbe Werkzeug einpassen können. Hier sind vor allem die Hersteller Gardena und Wolf als Wegbereiter zu nennen. Andere folgten.

Wichtig ist es, dass die Länge und Stärke der Gerätestiele der körperlichen Größe und der Konstitution des jeweiligen Anwenders angepasst sind. Damit wird das Arbeiten angenehmer gestaltet.

„Das Arbeiten mit einem langen Stiel an den Geräten hat bei mir eine rückenschonende Wirkung", vermerkt eine Gärtnerin, die jünger als 50 Jahre alt ist.

Die Aussage bezieht sich zum Beispiel auf Hacken und Jätegeräte, die jeweils sowohl mit kurzem Handgriff zum Arbeiten gebückt, hockend oder kniend als auch mit langem Stiel für aufrechte Haltung verbreitet sind. Das Zitat zeigt uns, dass es besser ist, lang gestielte Geräte zu benutzen.

Teleskop- und Verlängerungsstiele

Bereits seit einigen Jahren werden für alle Gartenfreunde Gerätestiele mit veränderbarer Länge angeboten – so genannte Teleskopstiele. Solche Stiele haben mehrere Vorteile: Beim Transport sind sie zusammengeschoben weniger sperrig und somit platzsparend. Sie können auf individuelle Bedürfnisse und Körpergrößen eingestellt werden. Man kann sowohl näher gelegene als auch weiter entfernte Arbeitsziele erreichen. Wenn ein solcher Stiel außerdem noch über eine Vorrichtung zum Auswechseln verschiedenartiger Bodenbearbei-

Geeignete Arbeitsgeräte fürs Alter

tungsgeräte wie Rechen, Hacke, Kultivator, Jäter usw. verfügt, erhöht sich der Nutzen nochmals. Weiterhin sind durch die Verwendung von Leichtmetall oder Kunststoff diese Geräte zusätzlich leichter geworden.

Teleskopstiele
Beispiel:
Gardena hat einen 58 cm langen Aluminium-Teleskopstiel im Programm, der ungefähr 300 g wiegt und sich in vier Stufen im Abstand von zehn Zentimetern auf Längen von 68, 78, 88 und 98 cm verändern lässt. Zusammen mit den einzusetzenden Bearbeitungsgeräten lässt sich die Gesamtlänge auf bis zu etwa 120 cm erhöhen. Damit hat er die übliche Länge vieler häufig benutzter Geräte. Dieser Stiel eignet sich vornehmlich für leichtere Arbeit zum Beispiel auf dem Friedhof, auf Rabatten und im Vorgarten zur Lockerung von weniger verfestigtem Boden und zur Unkrautbekämpfung. Deshalb wird er werksseitig mit einer nur dreizinkigen, schmalen Kralle ausgeliefert. Für das Kehren ist der Stiel in der Regel zu kurz.

Durch einen mitgelieferten Handgriff kann das Gerät schnell in ein ganz kurzes Einhandgerät umgerüstet werden, wenn man gebückt, hockend oder gar knieend arbeiten will oder muss.

Verlängerungsstiele
Verlängerungsstiele finden vor allem bei Arbeiten in hohen Baumkronen Verwendung. Insbesondere in Obstbäumen beim Ernten der Früchte oder beim Entfernen von Zweigen und Ästen durch Sägen oder Schneiden sind sie eine wertvolle Hilfe. Viele Tätigkeiten lassen sich dadurch vom Boden aus erledigen. Das dient der Sicherheit, denn man braucht nicht auf den Baum zu klettern oder auf Leitern zu steigen.

Allerdings ist zu bedenken, dass die Hebelwirkung um so größer wird, je länger der gesamte Stiel ist. Dadurch leidet die Genauigkeit und Exaktheit des hoch oben auszuführenden Schnittes oder des Sägens. Und der notwendige Kraftaufwand steigt auch an. Insgesamt

Lust und Last des Gärtnerns

bieten lange Stiele gerade für ältere Menschen in der Regel aber mehr Vorteile als Nachteile.
Noch besser ist es für Senioren jedoch, Niederstammobst im Garten zu haben. Darauf wird an anderer Stelle ausführlicher eingegangen.

Ergonomisch geformte Stiele

„Ergonomie ist für viele Gerätehersteller offensichtlich noch immer ein Fremdwort: Unhandliche Griffe, zu kurze Stiele und andere Mängel."

So beklagt sich ein Gartenbesitzer im sechsten Lebensjahrzehnt.

Aber es gibt doch auch viel Positives zu berichten: Beim Arbeiten mit herkömmlichen Besen mit geradem Stiel ist es beinahe unumgänglich, den Oberkörper und das Rückgrat nach vorne zu neigen. Auf Dauer ist das beschwerlich. Abhilfe schaffen hier Neuentwicklungen.

Krummer Stiel statt krummer Rücken – beim leidigen Fegen

Zu den bemerkenswerten Neuentwicklungen gehört ein ergonomisch geformter, nach oben gebogener Besenstiel. Durch die Krümmung verläuft der Stiel im oberen Griffbereich flacher als bei den herkömmlich verwendeten ungekrümmten Besenstielen. Deshalb braucht der weiter nach vorne greifende Arm nicht so weit nach unten zu fassen. Schulter und Rücken bleiben in einer weniger gebeugten, fast aufrechten und deshalb als angenehm empfundenen Haltung.

Mit dem gebogenen Besenstiel ist das Fegen leichter.

Das von Gardena angebotene Modell aus Aluminium ist 152 cm lang und im Griffbereich mit Kunststoff ummantelt, so dass der Wärmetransport aus der Hand zum Metall unterbrochen ist. Der Stiel fühlt sich nicht kalt an. Mit ungefähr 3 cm Durchmesser liegt er angenehm in der Hand.

Bei einer Vorführung zum Tag des Gartens in der Hessischen Gartenakademie in Kassel waren die zahlreich

Geeignete Arbeitsgeräte fürs Alter

Viele ältere Menschen sind mit der Gartenkralle sehr zufrieden: Man kann mit geradem Rücken arbeiten.

Die Gartenkralle sollte schräg angesetzt werden.

erschienenen Interessenten ausnahmslos begeistert von dem Besen mit gekrümmtem Stiel.

Der Hersteller regt an, den Stiel auch für eine Reihe anderer Vorsatzgeräte zu verwenden, zum Beispiel für den Fächerbesen zum Laubharken und den Rechen. Die Autoren haben indes mit dem Einsatz als Besen die besseren Erfahrungen gemacht.

Es scheint, dass gebogene Stiele für solche Arbeiten, die viel Kraft benötigen, weniger geeignet sind. Bei Hackarbeiten auf hartem Boden stellte sich sehr schnell heraus, dass der gebogene Stiel beim Arbeiten zur Seite kippte, weil das eigentliche Arbeitsgerät – eine etwa 12 cm breite Hacke – zu schmal war. Nach Aussage eines Architekten, mit dem darüber gesprochen wurde, müssen für kraftaufwändige Tätigkeiten gerade Stiele verwendet werden.

Der Hersteller Fiskars bietet einen Stiel für eine Laubharke und einen Besen an, der ähnlich konstruiert ist und die gleiche positive Wirkung hat wie der oben beschriebene. Hierbei ist der Stiel zweimal abgewinkelt. Dadurch entsteht eine erkennbare Parallelverschiebung der Achse.

Die Gartenkralle schont den Rücken

Die Gartenkralle ist im Vergleich zu vielen herkömmlichen Gartengeräten wie Spaten, Rechen oder Hacke ein noch junges Bodenbearbeitungsgerät. Es dient der Lockerung. Viele Benutzer der Kralle urteilen etwa so wie eine Gartenfreundin, die schreibt:

> *„Die Gartenkralle erleichtert das Auflockern unter Büschen, Hecken und in Beeten."*

Es wird häufig lobend hervorgehoben, dass man den Boden mit aufrechtem Rücken bearbeiten kann, sich nicht bücken oder beugen muss. Es ist angenehm, dass der Stiel der schräg anzusetzenden Kralle höhenverstell-

Gerätestiele

bar ist. Dadurch kann er unterschiedlichen Körpergrößen angepasst werden.
Für manche Personen, die in vorangegangenen Jahren noch keine Gartenkralle verwendet haben, ist die Arbeit mit diesem Gerät zunächst ungewohnt, wie eine sehr erfahrene Gärtnerin von mehr als 75 Jahren nach dem ersten Gebrauch urteilte. Ein ebenfalls als „alter Hase" zu bezeichnender Gartenfreund von über 70 Jahren ist jedoch seit mehreren Jahren zufrieden damit und setzt die Kralle auf kleinen Flächen ein. Zum Beispiel zwischen Stauden, Erdbeeren und an Rändern. Die erforderliche Drehbewegung in den Schultern bereite ihm keine Beschwerden, wie er sagte.

Bereits verfestigter oder stark durchwurzelter Boden lässt sich aber auch mit der Gartenkralle nur mit erhöhtem Kraftaufwand oder gar nicht lockern. Deshalb der Rat: Den Boden regelmäßig lockern. Die Angabe von festen Zeitintervallen ist indes nicht möglich. Sie richten sich unter anderem nach der Bodenart. Sandiger Boden braucht weniger oft gelockert zu werden als ein lehmiger oder gar ein toniger Boden.
Die Gartenkralle ist eines der wenigen Geräte, die in der Fernsehwerbung nicht von jungen, sondern von älteren Leuten benutzt wird.

Ziehgriffe zum Aufschrauben

Schwere Gartenarbeit mit Geräten, die gezogen werden müssen, kann mit Hilfe eines Ziehgriffs erleichtert werden, der auf dem Gerätestiel befestigt wird. Solche Tätigkeiten sind zum Beispiel das Vertikutieren von Rasenflächen mit einem Handgerät, das Zusammenharken von Rasenschnitt oder Laub sowie die Benutzung von Kultivatoren auf Grabeland zur Bodenlockerung oder die mechanische Unkrautbeseitigung.
Ziehgriffe sind im Handel erhältlich. Sie sind auf den Gerätestiel aufzustecken und werden dann der individuell richtigen Position je nach Körpergröße und Armlänge angepasst und festgeschraubt. Diese Ziehgriffe können aber nur auf Stiele aufgesteckt werden, die am

Ziehende Arbeiten lassen sich mit aufgeschraubten Griffen leichter durchführen.

Geeignete Arbeitsgeräte fürs Alter

Ende nicht in irgendeiner Weise verdickt sind. Andernfalls lässt sich die Griffhalterung nicht aufschieben.

Ziehgriffe sind keine Erfindung aus neuer Zeit. Schon vor Jahrzehnten waren sie im Gebrauch, wie die Zeichnung aus dem hessischen Faltblatt „Kleingärtner" von 1948 zeigt. Vielleicht erinnert sich jemand an dieses Wolf-Gerät. In unserer Zeit sieht man sie allerdings selten. Zu Unrecht, wie wir meinen. Ziehgriffe können eine spürbare Entlastung für den Rücken bringen. Ihr Preis ist gering.

Greifhilfen

Es gibt so vieles in Haus und Garten, auf Wegen und der Terrasse, was unbeabsichtigt hingefallen ist

Gartengerät von Wolf aus dem Jahre 1948 – mit Ziehgriff!

oder auf dem Boden liegt, dort aber nicht sein soll und was man hochheben möchte.

Für alle, die sich nicht mehr so gut bücken können oder wollen, sind hilfreiche Greifgeräte entwickelt worden. In aufrechter, rückenschonender Körperhaltung können kleine und mittelgroße Gegenstände, aber auch Abfall, Pflanzenreste, Papier und vieles mehr gegriffen und hochgehoben werden. Für den reinen Wohnbereich des Hauses sind sie bei älteren Menschen weit verbreitet und werden insbesondere in Seniorenläden angeboten. Für gartentaugliche Greifhilfen gibt es mehrere Hersteller und Anbieter: Mit dem Gerät von Gardena zum Beispiel kann man nicht nur greifen, sondern mittels eines praktischen ausklappbaren Spießes auch aufpicken. Das Gerät erfüllt mit einem kleinen Kratzer noch eine dritte Funktion: Man kann hartnäckig klebende Blätter und anderes zuerst abkratzen und danach mit dem Greifer anheben. Das Gerät wiegt 320 g und ist 91 cm lang. Die Maulöffnung beträgt 7 cm.

Greifzange für Dosen und Abfälle.

Ein anderer Hersteller (Fa. Knauthe) bietet eine „Greifzange für Dosen und Abfälle" an. Ihre Länge ist 92 cm, ihr Gewicht beträgt 390 g. Mit 8 cm ist die Maulöffnung hier etwas größer als beim Gardena-Gerät. Sie hat aber keine Spitze zum Aufpicken.

Neues bei Schneidegeräten

Das Angebot an Scheren aller Art für den Garten ist in den vergangenen Jahren sehr vielfältig und beinahe unüberschaubar geworden. Es gibt zahlreiche Hersteller und Anbieter. Sie verkaufen im Einzel- oder im Versandhandel, gelegentlich ausschließlich auf Ausstellungen und Messen. Dadurch wird der Überblick nicht einfacher.

Billigprodukte werden in diesem Buch nicht behandelt. Oft mangelt es ihnen an den wichtigsten Eigenschaften. Von den Scheren im höheren Preissegment darf man Qualität erwarten. Dazu gehören vor allem gute Materialwahl, Dauerhaftigkeit, Robustheit, Funktionalität, niedriges Gewicht und insbesondere handfreundliche, das heißt ergonomische Gestaltung. Es gibt viele Neuentwicklungen.

In der Regel behalten eine Gärtnerin oder ein Gartenfreund ihre Scheren viele Jahre, oft ein Freizeitgärtnerleben lang. Das ist verständlich und soll gar nicht kritisiert werden. Um ehrlich zu sein, die Verfasser neigen zuweilen auch dazu. Das liegt an der soliden Ausbildung, die sie in „der guten alten Zeit" erfahren haben.
Durch dieses Verhalten können aber manche Verbesserungen unbemerkt bleiben, und ihre Vorzüge können sich nicht so durchsetzen, wie sie es in vielen Fällen verdient haben.

Am Beispiel des Baum- und des Ziergehölzschnitts können wir mit Hilfe der Befragungsergebnisse zeigen, dass es notwendig ist, einem breiten Publikum Verbesserungen bei Ast- und anderen Scheren vorzustellen.

Das erwähnte große Scherenangebot setzt sich keineswegs nur aus Nachahmungen herkömmlicher Technik zusammen. Die folgende Tabelle und die Gliederung sollen helfen, den Überblick über das aktuelle Angebot

Geeignete Arbeitsgeräte fürs Alter

Ratschenübersetzung an einer Amboßschere.

Herkömmliche Astschere ohne besondere Kraftübersetzung.

Zahnradübersetzung an einer Astschere.

zu behalten beziehungsweise zu bekommen. Sie erheben aber keineswegs den Anspruch auf Vollständigkeit, insbesondere bei den genannten Anbietern nicht.

Mit dem Alter steigt die Mühe beim Gehölzschnitt (Angaben in Prozent)					
Altersklassen in Jahren					
	Über 70	60 bis 70	50 bis 60	Unter 50	Durchschn.
Frauen	46	37	25	9	30
Männer	37	19	12	8	19

Die Arten der Kraftübersetzung bei Scheren zur Handbedienung mit Muskelkraft bestimmen, ob das Schneiden schwer oder leicht ist: Alle in den Spalten 2 und 3 genannten Übersetzungen bringen nach Angaben der Hersteller je nach Modell zwischen ungefähr 15% und 30% Kraftersparnis gegenüber Scheren üblicher Art in Spalte 1. Bei allen diesen Modellen werden einfache physikalische Naturgesetze der Mechanik angewendet.

1	2	2
Einfache herkömmliche Hebelübersetzung	Kraftaufwand senkende Getriebe-/Zahnradübersetzung	Kraftaufwand senkende Ratschen-, Gelenk-, Doppelhebel- oder Kippeffekt-Übersetzung *(Begriffe verschiedener Hersteller für weitgehend identische Techniken)*
Findet Verwendung bei	Findet Verwendung bei	Findet Verwendung bei
vielseitig verwendbaren gewöhnlichen Gartenscheren (z.B. Rosenscheren, Rebenscheren u.Ä.)		gewöhnlichen Gartenscheren
Astscheren	Astscheren	Astscheren
Heckenscheren	Heckenscheren	Heckenscheren
Rasen- und Rasenkantenscheren		Rosenscheren

Eine besondere Art der Kraftübertragung ist die Flaschenzugtechnik für langstielige Astscheren der Firma Wolf-Garten und anderer Hersteller.

Neues bei Schneidegeräten

Die Auswertung der 815 Fragebögen bei Haus- und Kleingärtnern hat ergeben, dass Arbeiten mit den vielseitig verwendbaren gewöhnlichen Gartenscheren nur wenigen Alten nennenswerte Mühen und Schmerzen bereitet: Lediglich durchschnittlich 3% aller Antwortenden macht das Arbeiten mit Handscheren Beschwerden. Selbst bei den über 70-Jährigen sind es nur 5%.
Aber: Viele Neuentwicklungen bieten mehr Komfort hinsichtlich der Bedienung, des Gewichts, der Anpassung an individuelle Bedürfnisse, des notwendigen Kraftaufwandes und manchem mehr. Das gilt nicht nur für die kleinen Handscheren, sondern auch für Ast- und für Heckenscheren.
Deshalb ist es sinnvoll, darüber nachzudenken, ob man nicht doch sein lieb gewonnenes, altes, treues Schneidegerät gegen eine bessere neue Schere austauscht. Das alte darf ja ruhig einen Ehrenplatz an bevorzugter Stelle bekommen! Man kann sich doch zum Beispiel von den Kindern oder anderen lieben Menschen eine neue Schere schenken lassen. Etwas Nützliches wird sicher lieber verschenkt als die gerne zitierten Socken oder Krawatten.

Flaschenzugtechnik an einer Astschere.

Sonstige Gliederungen von Scheren
Die Vielfalt an Modellen erschwert die Übersicht. Die folgende Gliederung soll ergänzend helfen, das Wesentliche zu erkennen.

Grifflänge
Man unterscheidet:
1. Kurze, nicht verlängerbare Griffe (bei gewöhnlichen Gartenscheren).
2. Lange, nicht verlängerbare Griffe (für Astscheren, Heckenscheren, Rasenkantenscheren).
3. Lange, längenveränderbare (Teleskop-) Griffe und Stiele (für Astscheren).

Je länger die Holme einer Schere sind, um so geringer ist der Kraftaufwand beim Schneiden. Oder anders ausgedrückt: Bei Geräten mit längeren Holmen kann man auch dickere Äste abtrennen.

Köcher zur sicheren Aufbewahrung von Handscheren.

Geeignete Arbeitsgeräte fürs Alter

Bei manchen Astscheren ist es möglich, die Holmlänge zu variieren, so dass das Werkzeug vielseitiger einsetzbar ist. Eine besondere Form stellen Astscheren dar, bei denen man ganze Stielstücke ansetzen kann. So wird die Arbeitshöhe über Kopf im Baum von ungefähr 2 m auf cirka 4 m und sogar auf etwa 6 m erweitert. Dieses Gerät bietet die Firma Fiskars unter dem Namen „Schneidgiraffe" an.

Griff-Formen

Ergonomisch geformte Griffe erleichtern das Schneiden, weil sie unserem Körperbau gut entsprechen. Ein Beispiel: Durch eine 30°-Abwinkelung zwischen den Messern und den Griffen einer Schere von „Wolf-Garten" brauchen bei der Arbeit der Unterarm und die Hand im Handgelenk nicht abgewinkelt zu werden. Die Tätigkeit wird somit wesentlich erleichtert, vor allem im Dauerbetrieb. Zu den ergonomisch geformten Scheren gehören auch die speziell für Rechts- oder Linkshänder geschaffenen Geräte.

Bei Scheren mit Rollgriff dreht sich beim Schließen der mit den Fingern herangezogene Holm um die eigene Längsachse und wieder zurück, sobald sich die Schere durch die Rückholfeder öffnet. Die Drehung des beweglichen Holms kommt dadurch zustande, dass er über kreisförmig angeordnete Zahnräder heran- und zurückgeführt wird. Dadurch tritt die Ermüdung der Hand auch bei langem Gebrauch erst spät ein. Deshalb ist die Rollgriffschere besonders auch für ältere Gartenfreundinnen und -freunde und in Gärten mit viel Schnittarbeit zu empfehlen.

Arten der Klingen – Schneidetechniken

Bei der bekannten Zweischneidetechnik bewegen sich beide Klingen nebeneinander vorbei – wie bei jeder Papierschere. Zweischneidige Scheren eignen sich vor allem für frisches, krautiges Grün und wachsendes, saftführendes Holz.

Bei der Ambosstechnik ist lediglich die obere Klinge geschärft und trifft in ihrer ganzen Länge flach auf den

Mit der langen „Schneidgiraffe" kann man auch weit entfernte Äste abschneiden.

Der Schneidkopf kann in kleinen Schritten abgewinkelt werden.

nicht geschärften, stumpfen Amboss. Solche Scheren haben ihre Vorzüge bei hartem, altem und abgestorbenem Holz. Man benötigt hierfür weniger Kraftaufwand.

Dass die Klingen für kraftsparendes Arbeiten immer scharf sein sollten, ist wohl eine Selbstverständlichkeit. Für viele Modelle gibt es komplett auswechselbare Klingen. Auszuwechseln ist meistens wohl billiger als das Schleifen durch einen Fachbetrieb. Wohl dem, der mittels eines Schleifsteins selbst dazu in der Lage ist. Der Fachhandel bietet spezielle Schärfegeräte an.

Mit Rollgriffscheren lässt sich angenehm und ausdauernd arbeiten.

Scherengröße und -gewicht
Es gibt Scheren für jede Handgröße, und Modelle, deren Griffweite mittels einer Exzenterschraube oder auf andere Weise schnell stufen- und problemlos veränderbar ist (Gardena, Fiskars).

Das Gewicht der Schere wird neben ihrer Größe auch durch das verwendete Material bestimmt. Herkömmliche Gartenscheren wiegen vielfach ungefähr 300 g, hochwertige Modelle gibt es heute schon mit Gewichten zwischen cirka 230 und 250 g. Derzeitiger „Spitzenreiter" dürfte die nur 140 g schwere Gartenschere mit Gelenkmechanismus der Firma Fiskars sein. Sie ist als Ambossschere und als zweischneidige Schere erhältlich. Trotz ihres geringen Gewichts ist sie recht robust. Besonders bei längerem Arbeiten über Kopf ist das Eigengewicht der Werkzeuge wichtig: Je geringer, um so besser. Eine schwere Astschere ermüdet rasch.

Scheren werden für jede Handgröße angeboten.

Diese neue Schere mit Doppelübersetzung wiegt nur 140 g.

Geeignete Arbeitsgeräte fürs Alter

Besondere Scheren

Mit Rosengreifscheren, die auch Rosenpräsentierscheren genannt werden, kann man die Königin der Blumen, die Rose, zugleich abschneiden und den Stiel festhalten, ohne dazu die andere Hand benutzen zu müssen. Solange die Schere nach dem Schnitt geschlossen bleibt, wird der Stiel festgehalten. Erst durch das Öffnen der Schere wird das Schnittgut freigegeben.
Es kann nun abgelegt werden. Die freie Hand steht somit für anderes zur Verfügung, zum Beispiel zum Tragen eines Korbs oder Eimers, zum Festhalten, zum Halten eines Gehstocks usw.
Die Gefahr einer lästigen, eventuell gefährlichen Hautverletzung durch die Rosenstacheln wird durch die Verwendung der Rosengreifschere deutlich verringert. Achten Sie beim Kauf darauf, dass der Scheren-Amboss aufgeraut oder gerieffelt und nicht nur glatt ist. Die Autoren haben die Erfahrung gemacht, dass bei Scheren mit glatter Ambossfläche die Rosenstiele mangels genügender Reibung wegkippen können. Leider hat der Hersteller auf unseren diesbezüglich schriftlich monierten Mangel und auf Verbesserungsvorschläge uns gegenüber nicht reagiert. In einem anderen Fall hat eine andere Firma einen Verbesserungsvorschlag dankend umgesetzt.

Astscheren

Wie es der Begriff sagt, dienen Astscheren dem Entfernen und Zerkleinern von Ästen an Bäumen und großen Büschen. Jeder langjährig erfahrene Freizeitgärtner hat solche Tätigkeiten wiederholt durchgeführt, und weiß deshalb, wie mühsam und anstrengend solche Schnittaktionen sein können. Mit zunehmendem Alter fallen diese Arbeiten schwerer.

Auch Astscheren unterliegen einer steten technischen Weiterentwicklung. Deshalb sollten Astscheren verwendet werden, die aufgrund ihrer Bauart arbeitserleichternd wirken und ein geringes Eigengewicht (Verwendung von Aluminium oder Kunststoffen) aufweisen. Die technische Entwicklung in jüngerer Zeit hat dies-

Mit speziell geformten Rosengreifscheren vermindert sich die Verletzungsgefahr an Stacheln.

Neues bei Schneidegeräten

bezüglich erhebliche Fortschritte gemacht. Dabei wurden intelligente Lösungen gefunden, die – wie erwähnt – in der Anwendung meist einfacher physikalischer Gesetze der Mechanik bestehen.

Es werden Astscheren angeboten, bei denen die der Schneideklinge gegenüberliegende Klinge zum Festhalten des durchzuschneidenden Astes ausgebildet ist – vergleichbar mit der bei Rosengreifscheren benutzten Funktionsweise. Durch eine geriffelte Fläche und durch als Haken auslaufende Klinge wird der betreffende Ast beim Schnitt festgehalten.

Es gibt Varianten mit Hebel-, Doppelhebel-, Getriebe- und Ratschenübersetzungen, wodurch der einzusetzende Kraftaufwand jeweils verringert wird. Weiterhin gibt es Modelle mit verlängerbaren Stielen (Teleskopstiele), so dass hierdurch ebenfalls Kraft eingespart wird. Es geht weniger darum, dass mit diesen Geräten noch dickere Äste durchschnitten werden können, sondern dass die notwendige Kraft für ältere Menschen verringert wird. Also: Nicht zu dicke Äste schneiden wollen, sondern dünnere leichter abtrennen.

Ratschlag: Wenn das Schneiden mit Handscheren trotz Anwendung der kraftsparenden Neuentwicklungen zu mühsam wird, sollte man zur Astschere oder zur Säge greifen.

Es wird seitens der Herstellerfirmen auf ergonomisch geformte Griffe für bequemes Arbeiten und sicheren Halt sowie Anschlagdämpfer zur Schonung der Handgelenke hingewiesen. Antihaftbeschichtungen sorgen für einfaches Reinigen und Rostschutz. Die Messer und andere Verschleißteile sind austauschbar.

Eine bisher nicht bekannte Astscherenform wurde Anfang dieses Jahres in einem Gartenfachmarkt in zwei Längen gefunden. Es handelt sich dabei um einen einstieligen Astschneider von Gardena. Das untere Griffende des Stieles ist kugelförmig verdickt, so dass die dort befindliche Hand nicht abrutschen kann. Darüber ist eine am Stiel verschiebbare Ziehhülse für die zweite Hand angebracht. Durch das Schieben beziehungsweise Ziehen dieser Ziehhülse wird das Schnittmesser bewegt. Das Übertragungsgestänge ist im Stiel angebracht und

Geeignete Arbeitsgeräte fürs Alter

dadurch gegenüber Einflüssen von außen nicht anfällig. Der „Astschneider kurz 115 AL", hat einen um 20 Grad abgewinkelten Schneidekopf. Der „Astschneider lang 160 AL" hat mehr Schneidkraft durch Getriebeübersetzung mit Zweigangschaltung, wobei der Kraftgang für dicke, der Schnellgang für dünne Äste geeignet ist.

Fester Stand und Arbeitsgerät in Armhöhe
Wichtig ist es stets, dass man beim Einsatz von Astscheren einen festen Stand auf dem Boden oder auf einer Leiter hat. Wenn die Astschere im Bereich vor der Körpermitte eingesetzt wird, sind die besten Schnittergebnisse zu erreichen. Je weiter man vom Körper weg mit zunehmend ausgestreckten Armen arbeiten muss, desto schwerer wird die auszuführende Arbeit bei nachlassender Schnittqualität und -stärke. Der Schnittvorgang kann durch zusätzliche Hin- und Her-Bewegungen in Verlängerung der Schnittklingen (ziehender Schnitt) unterstützt werden.

Astschneidearbeiten in luftiger Höhe
Für Arbeiten über dem Kopf, die man nicht oder nur schlecht mit einer Leiter erreichen kann, kommt man mit Verlängerungsstielen weiter. Es ist möglich, mehrere Stiele hintereinander zu verbinden. Eine Schnitthöhe von etwa fünf bis maximal sechs Metern sollte jedoch nicht überschritten werden, weil diese Arbeit dann zu schwierig wird (Stiellänge, Gewicht, unbequemes Arbeiten durch gestreckte Arme und Kopf in den Nacken legen). Die Zugseile befinden sich häufig im Inneren der Stiele und sind dadurch gegen störende Äste und Zweige geschützt. Die Scherenköpfe sind je nach Hersteller verschieden. Sie sind abgewinkelt oder können nach Bedarf verstellt werden. Vom Boden aus kann man deshalb den Schnittbereich recht gut einsehen, auch wenn in mehreren Metern Höhe geschnitten wird. Mit Hilfe der Ziehhülse und des Zugseiles wird dann der Schnitt durchgeführt. Bekannte Anbieter auf diesem Gebiet sind zum Beispiel Fiskars, Gardena, Meyer und Wolf.

Neues bei Schneidegeräten

Astschneidearbeiten am Boden
Mit der „Schneidgiraffe" (Fiskars) kann man durch Umdrehen des Grundgerätes mit dem Schneidkopf nach unten mit verringerter Bückarbeit auch weiter entfernte Gehölztriebe am Boden abschneiden.

Erleichterungen beim Schneiden von Rasenkanten
Viele Gartenfreunde lieben den akkurat gepflegten Garten. Deshalb müssen dort Rasenkanten immer sorgfältig sauber geschnitten sein. Das ist bekanntlich leider oft mit Mühen verbunden, die man aber vermindern kann. Die folgende Übersicht zeigt vier Stufen der Mühsal beziehungsweise der Erleichterung, je nachdem, ob man Muskelkraft oder Elektrizität einsetzt.

*1
Rasenkantenscheren ohne langen Stiel verlangen tiefes Bücken.*

Rasenkantenscheren

Durch Muskelkraft bewegt	Elektrisch mit einem Akku angetrieben
Ohne Verlängerungsstiel Sie erfordern gebückte, hockende oder kniende Körperhaltung. Scheren mit geringstem Komfort. Höchste Körperbelastung. (Bild 1)	**Ohne Verlängerungsstiel** Sie erfordern ebenfalls gebückte, hockende oder kniende Körperhaltung. Die Hand wird jedoch durch Elektroantrieb wesentlich entlastet. Erhöhter Komfort. (Bild 3)
Mit höhenverstellbarem Stiel Sie ermöglichen bequeme, aufrechte Körperhaltung. Das Bücken entfällt. Deutlich erhöhter Komfort. Die Hand wird aber nur wenig entlastet. (Bild 2)	**Mit höhenverstellbarem Stiel** Sie ermöglichen bequeme, aufrechte Körperhaltung. Das Bücken entfällt. Die Hand wird entlastet. Geringste Körperbelastung. Höchster Komfort. (Bild 4)

*2
Bequemes Schneiden der Rasenkante mit verlängerbaren Stielen.*

Für ältere Menschen ist auf jeden Fall eine Rasenkantenschere mit Stiel zu empfehlen. Besonders empfehlenswert sind Geräte mit in der Länge verstellbaren Stielen. Sie können der Körpergröße angepasst werden. Darauf sollte man unbedingt achten.

Wenn die zu schneidenden Kanten im Garten insgesamt nur wenige Meter lang sind, reicht sicherlich ein Handgerät. Kommen aber viele Meter zusammen oder

*3
Rasenkantenscheren mit Akkubetrieb bieten einen höheren Komfort.*

Geeignete Arbeitsgeräte fürs Alter

will man zusätzlich auch kleinere Grasflächen damit schneiden, kommt auch ein Akkugerät in Betracht. Bei allen Akkugeräten muss aber das notwendige Aufladen bedacht werden.

4
Die optimale Kombination für müheloses Arbeiten: Rasenkantenschere mit Akkubetrieb und langem Stiel.

Neues bei Schneidegeräten

Das Schneiden von Hecken ist mühsam

Durch die erwähnte Befragungsaktion hat sich herausgestellt, dass das Heckenschneiden für Frauen besonders ab 50, und für Männer ab 60 Jahren oft beschwerlich ist. Wie zu erwarten war, steigt mit zunehmendem Alter die empfundene Belastung sowohl bei der Benutzung von Scheren für Muskelkraft als auch bei elektrisch angetriebenen Geräten an.

Steigende Mühsal beim Schneiden von Hecken (Angaben in Prozent)					
Altersklassen in Jahren					
	Über 70	60 bis 70	50 bis 60	Unter 50	Durchschn.
Frauen	34	33	27	21	29
Männer	21	16	8	3	13

Gebeugter Rücken beim Hecken schneiden schafft mit Sicherheit Beschwerden.

Zunehmende Höhe einer Hecke erfordert höhere Anstrengungen. Für das Alter sind folglich niedrigere Hecken sehr anzuraten.

Hand-Heckenscheren

Bei den Hand-Heckenscheren hat seit einigen Jahren die Verwendung von gewichtsenkenden Materialien wie Leichtmetall oder Kunststoff Einzug gehalten. Ihr Gewicht ist deutlich geringer geworden und beträgt häufig nur noch 700 g oder sogar noch weniger. Die Benutzerfreundlichkeit wurde verbessert.

Gelenk- und Getriebe-Heckenscheren haben nach Angaben der Hersteller eine zwei- bis dreifach bessere Schneidleistung gegenüber Scheren mit einfacher Hebelübersetzung, wie sie auch heute noch weit verbreitet sind. Durch die Behandlung der Schneiden mit Antihaftmitteln erreichen manche Geräte beim Schnitt noch zusätzlich eine Verminderung der Reibung.

Gummipuffer gehören sicherlich seit langem zum gewöhnlichen Standard, der die Handgelenke, das Material und die Ohren schont.

An der Oberseite der Hecke geht es besser: der Rücken bleibt gerade.

Geeignete Arbeitsgeräte fürs Alter

Handheckenschere mit Kraft sparender Getriebeübersetzung.

Eine Neuheit für das Jahr 2002 stellt der „Scherenstorch" von Fiskars dar. Hierbei handelt es sich nach Firmenangaben um eine „multifunktionale" Hecken- und zugleich Rasenschere mit „fünfzig-prozentiger Erhöhung der Schneidleistung durch einzigartigen Gelenkmechanismus". Das Gerät mit niedrigem Gewicht hat 93 cm lange Griffe aus gehärtetem Aluminium, und Klingen aus rostfreiem Stahl. Die Klingen lassen sich mit dem genannten Gelenkmechanismus um 270° verstellen. Je nach Körpergröße können Hecken oder Äste bis 2,50 m Höhe erreicht werden. Die Schnittleistung wird mit bis zu 10 mm angegeben. Es ist aber zweifelhaft, ob es sinnvoll ist, Hecken dieser Höhe auf solche Weise zu schneiden.
Wenn man den „Scherenstorch" umdreht und ihn mit den Schneidklingen am Boden entlang führt, kann man in aufrechter Körperhaltung Rasenkanten und kleine Grasflächen schneiden.

Zum Schneiden von hohen Hecken sind oft Leitern oder andere Hilfen erforderlich. Dadurch wird die Arbeit nicht nur mühseliger sondern auch gefahrenträchtiger. Jeder Gartenfreund im Seniorenalter sollte deshalb ernsthaft prüfen, ob er seine Hecke nicht so weit herunterschneiden kann, dass die Tätigkeit ohne Leiter durchführbar ist.

Elektrisch angetriebene Heckenscheren

Bei den elektrisch angetriebenen Heckenscheren kommt es unter anderem auf das Gewicht an: Leichte wiegen ungefähr 3 kg, zum Beispiel das Modell HS 43 E mit 500 Watt von Wolf-Garten. Schwere Geräte wiegen etwa 3,5 kg oder mehr. Auf Dauer wird ein geringeres Gewicht doch als angenehm empfunden. Allerdings ist zu beachten, dass die leichteren Scheren kürzere Schnittlängen aufweisen, schwere deutlich längere, weshalb die Arbeit in kürzerer Zeit erledigt werden kann. Es fällt schwer, das kleinere der beiden Übel zu benennen.

Neuartige Heckenschere von Fiskars.

Erleichterungen durch angepasste Materialwahl und Gartengestaltung

Der Garten für ältere Menschen muss sicher und pflegeleicht sein, wenn sie lange Freude daran haben sollen.
Durch den Einsatz geeigneter Materialien und die richtige Gestaltung wird der Garten sicherer.
Die Auswahl niedriger Obstgehölze und bodendeckender Pflanzen vermeidet unnötige Mühe und erhöht die Freude am Gärtnern im Alter.

Angepasste Gartengestaltung

Die Gestaltung von Wegen und Pfaden sollte nicht nur nach ästhetischen Gesichtspunkten erfolgen. Sicherheit und Bequemlichkeit werden bei zunehmendem Lebensalter immer wichtiger.

Besonders angenehm zu begehen sind Wege, die mit Rindenmulch oder ähnlich weichem Material belegt sind. Sie eignen sich aber nicht für alle Ansprüche. Den Weg von der Grundstücksgrenze zum Hauseingang, die Zufahrt zur Garage und manche andere Wege um das Haus herum und im Haus- oder im Kleingarten wird man wohl kaum mit Rindenmulch belegen wollen. Daher nimmt das Thema Steine einen größeren Raum ein.

Beläge für Wege

Nachfolgend werden die Eigenschaften, die Vor- und die Nachteile einiger Natur- und mancher Kunststeine, von Holz und von anderen Belägen unter dem Gesichtspunkt der Eignung für den seniorengerecht gestalteten Garten behandelt. Vollständigkeit ist dabei aber nicht angestrebt und wäre wegen des Umfangs auch nur schwer zu erreichen. Die Autoren wollen bewirken, dass man sich diesem Thema bewusst zuwendet.

Die Auswahl an Natur- und an Kunststeinen für die Verwendung im Garten als Wegebelag, Trittstein, für Treppen oder als Terrassenfläche ist sehr groß. In einschlägigen Büchern für Laien und in Gartenzeitschriften werden immer wieder ihre vielfältigen Verwendungsmöglichkeiten dargestellt und beschrieben, in der Regel lediglich unter ästhetischen Gesichtspunkten.

Zu oft wird in diesen Publikationen der Sicherheitsgedanke außer Acht gelassen. Doch gerade der nimmt für für die ältere Gartenfreundin und den älteren Gartenfreund immer mehr an Bedeutung zu.

Liebe Leserin, lieber Leser,

der Druckfehlerteufel hat uns auf diesen beiden Seiten einen bösen Streich gespielt. Er hat aus allen Halbschatten ganze Schatten gemacht. Auf diesem Blatt ist die korrigierte Version.

Wir bitten um Nachsicht.

Korrektur Tabelle Seite 126

Lateinischer Name	Deutscher Name Sortenname	Lichtbedarf ○ Sonne ◐ Halbschatten ● Schatten	Wuchsform	Höhe in cm (circa)	Bedarf Stück pro qm
Acaena microphylla	Stachelnüsschen "Kupferteppich"	○ bis ◐	flach	10	40
Alchemilla mollis	Frauenmantel	◐ bis ●	aufrecht	20 bis 30	30
Alyssum saxatile	Steinkraut	○ bis ◐	kriechend	25	
Asarum europaeum	Haselwurz	◐ bis ●	aufrecht	5	25
Bergenia Hybriden	Bergenie	○ bis ●	aufrecht	35 bis 50	4 bis 6
Brunnera macrophylla	Kaukasus-Vergissmeinnicht	○ bis ◐	aufrecht	50	4
Epimedium perabdianum	Elfenblume "Frohnleiten" und andere Sorten	◐ bis ●	aufrecht	30	16
Geranium cantabrigiense	Storchenschnabel	○ bis ◐	buschig niederliegend	20	6
Lysimachia nummularia	Pfennigkraut	○ bis ◐	kriechend	5	6
Nepeta X faasenii	Katzenminze	○	aufrecht	30	5
Orinanum vulgare	Dost "Tumbias"	○	aufrecht		20
Pachysandra terminalis	Ysander	◐ bis ●	aufrecht	20	16
Tiarella cordifolia	Schaumblüte	◐ bis ●	flach, Ausläufer bildend	6	10
Vinca minor	Immergrün	○ bis ●	kriechend	10	12
Waldsteinia ternata	Ungarwurz	◐ bis ●	aufrecht	10	16

Korrektur Tabelle Seite 127

Lateinischer Name	Deutscher Name Sortenname	Lichtbedarf ○ Sonne ◐ Halbschatten ● Schatten	Wuchsform	Höhe in cm (circa)	Bedarf Stück pro qm
Calluna vulgaris	Heidekraut	○ bis ◐	breit aufrecht	25 bis 50	8
Cotoneaster	niedrige Zwerg-Schein-mispel, z. B. "Streibs Findling", und andere	○ bis ◐	flach aufliegend	15	6 bis 8
Euonymus fortunei	Spindelstrauch "Minimus"	○ bis ◐	flach aufliegend	10	10
Hedera helix	Efeu	○ bis ●	flach aufliegend	20	6 bis 8
Juniperus horizontalis	Kriechwacholder "Glauca"	○ bis ◐	kriechend	25	5
Ligustrum vulgare	Liguster "Lodense"	○ bis ◐	kompakt aufrecht	60	5
Lonicera nitida	Jelängerjelieber	○ bis ◐	buschig dicht	70	5
Microbiota decussata	Microbiote	○ bis ◐	polsterförmig	40	6
Spirea japonica	Spierstrauch	○ bis ◐	kriechend	5	6
Taxus baccata	Kissenreibe "Repandens"	○ bis ◐	Kissenförmig	60	2

Beläge für Wege

Natursteine

Von den Natursteinen mit guten Eigenschaften hinsichtlich der Rutschfestigkeit sind Porphyr und ungeschliffener sowie „gesäuerter" Granit zu nennen. Treppenstufen aus Granit sollten immer gesäuert, niemals geschliffen sein.

Künstliche Steine

Betonpflastersteine

Gut und deshalb zu empfehlen sind auch Betonpflastersteine mit Fase das heißt abgerundeten Kanten sowie strukturierte Betonplatten (bitte nicht mit Waschbetonplatten verwechseln).
Eine Fase schafft ein optisch besseres Bild. Außerdem treten dadurch an den Kanten weniger leicht Absplitterungen auf und die Stolpergefahr wird verringert.
Die genannten Betonpflastersteine und Betonplatten werden aus dichtem Beton hergestellt. Man sollte beim Kauf beziehungsweise bei der Auftragsvergabe an einen Unternehmer darauf achten, dass zur Herstellung des künstlichen Steins frostbeständige Zuschlagstoffe verwendet wurden, damit er auf Dauer fest bleibt. Fachkundige Beratung durch einen Meisterbetrieb des Garten- und Landschaftsbaus oder sachkundigen Fachhandel ist unerlässlich.
Hier zu Lasten der Qualität am Geld zu sparen wäre unklug. Die Steine sind mit den Oberflächenfarben hell, dunkel, zementgrau, anthrazit, rot oder braun erhältlich, so dass man reichlich Auswahl zur Umsetzung individueller Wünsche hat.
Auf Gartenwegen und rund um das Haus werden rechteckige oder quadratische Steine den Verbundsteinen vorgezogen, weil das Aussehen angenehmer und weniger „technisch" empfunden wird.

Pflasterklinker

Pflasterklinker sind ungelochte, hartgebrannte Vollziegel, die seit Alters her beim Straßen- und Wegebau verwendet werden. Vor allem in Norddeutschland und in

Porphyr- und Granitpflaster ist sehr rutschfest – ...

... ebenso verschiedene Arten von Betonpflaster.

Angepasste Gartengestaltung

Manche Steine sind bei Nässe rutschgefährlich. Darauf wird in Fachbüchern und vor allem in Zeitschriften für den Laien leider oft gar nicht hingewiesen.

den Niederlanden sind die roten Klinker weit verbreitet und prägen die Wohnorte, wovon sich auch jeder Besucher überzeugen kann. Diese Klinker sind mit und ohne Fase erhältlich. Sie sind angenehm anzusehen, lange haltbar, griffig, eben, und eignen sich deshalb gerade auch für Gehwege und Sitzflächen im Seniorengarten. Und doch wird die Rutschfestigkeit durch Fachleute zuweilen als nicht ganz so hoch wie die von Betonpflastersteinen beurteilt. Es kommt unter anderem auch auf die Verlegeart an (siehe auch nachfolgend bei „Gefährliche Beläge"). Herstellungsbedingt zeigen sie ein lebhaftes Farbenspiel, das eine lebendige, natürlich wirkende Fläche ergibt. Wegen ihrer hohen Druckfestigkeit und infolge ihrer geringen Wasseraufnahme sind sie frostbeständig und auch unempfindlich gegen Tausalz. In der Anschaffung muss man für sie mehr Geld aufwenden als für rote Betonpflastersteine.

Gefährliche Beläge

Manche Steine sind bei Nässe rutschgefährlich. Darauf wird sowohl in Fachbüchern als auch in Zeitschriften für den Laien meistens nicht genügend, oft gar nicht hingewiesen. In vielen Publikationen überwiegt bei weitem der ästhetische Aspekt unter Vernachlässigung des Sicherheitsgedankens. Bei allen Altersgruppen, insbesondere aber bei alten Menschen, kann das Ausrutschen zu Stürzen mit schwerwiegenden Verletzungen führen. Die Gefahr geht von der Oberflächenstruktur des Steines beziehungsweise dem Schliff aus, bei Sandstein durch die Wasseraufnahme des Materials.

Rutschgefährlich bei Feuchtigkeit und Nässe:

Natursteine
- Sandsteinplatten.
- Basalt („Blaubasalt").
- Geschliffene Granitplatten und -steine.
- Muschelkalkplatten.

Bei Feuchtigkeit werden Sandsteinplatten...

...und Waschbetonplatten gefährlich rutschig.

Gefährliche Beläge

Künstlich hergestellte Steine und Platten
- Waschbetonplatten.
- Pflasterklinker (weniger stark ausgeprägt).

Ein erfahrener Inhaber eines Betriebes für Garten- und Landschaftsbau wies uns darauf hin, dass Waschbetonplatten gefahrenträchtig sind, weil sich in den Vertiefungen zwischen den Steinen Wasser sammeln kann. Nicht nur, wenn das Wasser im Winter zu Eis gefriert, sondern auch in der frostfreien Zeit stellt das Wasser in Verbindung mit den meist runden Kieselsteinen an der Plattenoberfläche eine Gefahr dar. Außerdem sind die Waschbetonplatten nicht gerade schön anzusehen und längst aus der Mode gekommen. Und doch sind die in den fünfziger und sechziger Jahren des vergangenen Jahrhunderts häufig verlegten Platten noch oft anzutreffen.
Das Auswechseln gegen anderes Material ist wegen der genannten Sicherheitsmängel dringend anzuraten.

Veralgung und Vermoosung auf Steinen und Platten – vor allem an schattigen Stellen des Gartens – erhöhen die Gefahren zusätzlich.

Veralgung und Vermoosung auf Steinen und Platten – vor allem an den schattigen Stellen des Gartens – erhöhen zusätzlich die Rutschgefahr.

Kopfsteinpflaster
Der Wunsch nach Nostalgie und nach Naturnähe fördert heutzutage wieder eine entsprechende Materialauswahl und Bauweisen. Dazu gehört auch der Einsatz von Kopfsteinpflaster. Dieser Belag ist aber für ältere Menschen in der Regel schlecht begehbar und birgt Stolpergefahren.

Holzpflaster ist tückisch
Holzpflaster ist im Allgemeinen schön anzusehen und wird deswegen in vielen Büchern und Zeitschriften oft abgebildet und als besonders „gartengerecht" erwähnt. Es ist aber bei Nässe leider sehr schlüpfrig und deshalb gerade für den Altersgarten sehr kritisch zu bewerten. Man kann darauf leicht ausrutschen, vor allem auch dann, wenn sich Algen darauf angesiedelt haben. Die

Angepasste Gartengestaltung

Begehbarkeit ist selbst bei Trockenheit nicht immer gut. Allenfalls auf regengeschützten Terrassen ist Holzpflaster zu verwenden, wenn es trocken bleibt.

Wassergebundene Wege
Auch wassergebundene Wege sind manchmal nicht sicher: Falls im Frühjahr noch Frost unter dem Weg herrscht, besteht erhöhte Rutschgefahr. Von dieser Ausnahme abgesehen sind sie jedoch empfehlenswert.

Rampen und Treppen

Für alle genannten Materialien gilt: Die größte Gefahr lauert auf Rampen und auf Treppen.

Rampen dürfen gemäß der geltenden Bauvorschriften an keiner Stelle eine Steigung von mehr als 6 Prozent haben. Sie sollen immer sauber gehalten und im Winter von Schnee und Eis befreit werden. Wenn auf Salz zum Auftauen von Eis nicht verzichtet werden kann, so muss bereits beim Bau der Rampe, Treppe oder des Weges auf Salzverträglichkeit des verwendeten Steins geachtet werden. Man sollte aber möglichst abstumpfende Mittel verwenden, kein Salz.

Treppen werden notwendig, wenn das Längsgefälle eines Weges mehr als 6 Prozent beträgt, wodurch eine Rampe zu steil würde. An Treppen ab vier Stufen rund um das Haus müssen immer Handläufe oder Geländer angebracht werden. So will es die Bauvorschrift. Für Rampen gilt das nicht zwingend. Es ist aber sehr zu empfehlen, hier freiwillig ebenso zu verfahren. Es dient der Sicherheit, ganz besonders für Rollstuhlfahrerinnen und -fahrer.

Treppenformel
Für Treppen gibt es eine Treppenformel, die die Stufenhöhe und -tiefe vorgibt. Sie dient dem angenehmen und sicheren Gehen.

Beläge für Wege

„Die Treppe soll bequem zu begehen sein. Das ist der Fall, wenn die normale Schrittlänge von 65 bis 70 cm berücksichtigt wird. Eine alte Regel sagt, dass die doppelte Steighöhe der Stufe zuzüglich der Auftrittsbreite die Normalschrittlänge ergeben. Das ist durch verschiedene Kombinationen möglich: Entweder durch eine große Steighöhe bei schmalem Auftritt oder durch eine geringe Steighöhe bei breitem Auftritt. Je steiler eine Treppe steigt, um so schwerer lässt sie sich begehen, je flacher, um so leichter. Eine flache Treppe benötigt aber mehr Raum. Die beste und bequemste Steighöhe liegt für Gartentreppen zwischen 10 und 15 cm Stufenhöhe. Bei einer Steighöhe von 12 cm ergibt sich eine angenehme Auftrittsbreite von 41 cm (2 x 12 cm Höhe + 41 cm Auftrittsbreite = 65 cm normale Schrittlänge). Treppenstufen dürfen im Außenbereich maximal 16 cm hoch sein."
(Verändert nach A. Bernatzky, Gärten für uns. Bertelsmann-Verlag 1962, S. 58.)

„Je steiler eine Treppe steigt, um so schwerer lässt sie sich begehen. Je flacher, um so leichter. Eine flache Treppe benötigt aber mehr Raum."

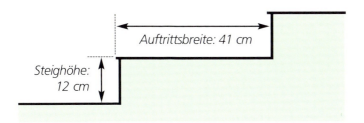

Übergänge

Wenn ein Weg im Garten in eine Treppe übergeht, sollte man die Treppe und den Weg farblich verschieden halten, damit das Auge die Änderung rechtzeitig erkennt und Stolpern oder Stürze möglichst unterbleiben. Man kann die Kanten auch mit einem hellen Farbanstrich versehen. An solchen Stellen ist eine künstliche Lichtquelle oft angeraten. Auf das Risiko von Stürzen durch Stolpern haben wir bereits hingewiesen. Mit zunehmendem Alter nimmt aber oft auch die Sehkraft ab. Das ist ein weiterer wichtiger Grund, die hier

Angepasste Gartengestaltung

angeführten Hinweise ernst zu nehmen. Denn wir wollen doch die Gartenfreude bis ins hohe Alter erhalten.

Podeste schaffen

Eine Gefahr stellt oft auch die Art und Weise dar, wie der Übergang vom Haus durch eine Terrassentür hindurch in den Garten gestaltet ist. Schwellen, über die man stolpern könnte, sind zu vermeiden. Wenn der Garten tiefer liegt als das Haus, sollen Stufen oder eine Treppe nicht unmittelbar hinter der Tür beginnen. Stattdessen soll zunächst ein breites Podest folgen, ehe die Stufe oder Treppe zum Garten hinab führt. Zu viele Unfälle sind schon passiert, wenn das beim Bauen nicht beachtet wurde.

Mulchen erleichtert die Gartenarbeit

„Nach sechsjährigen Ergebnissen ohne umzugraben: Es geht. Grubbern und Mulchen erleichtert die Gartenarbeit, vor allem bei Rücken- und Gelenkproblemen." Dieses ist die persönliche Erfahrung eines Gartenfreundes zwischen 50 und 60 Jahren.
Eine Gartenfreundin weist richtig darauf hin, dass man die gemulchte Fläche betreten kann, ohne dass Trittspuren hinterlassen werden.

Ein 60 bis 70 Jahre alter Biogärtner: „Wildkrautbeseitigung wird durch Mulch stark reduziert."

Wie kommt die Erleichterung zustande? Das Mulchen von offenen und von bepflanzten Bodenflächen hat viele Vorteile:
- Es wirkt der Austrocknung des Bodens entgegen. Ergebnis: Man braucht seltener zu gießen.
- Es verhindert die Verkrustung der Oberfläche. Folge: Man braucht weniger oft zu lockern.
- Es hemmt den Unkrautwuchs. Fazit: Man braucht seltener zu hacken.

Geeignete Materialien zum Mulchen sind Holz- und Staudenhäcksel, Grasschnitt, kurzes Stroh, käuflicher Rindenmulch sowie angerottetes Laub.

Material, das Krankheitserreger für Pflanzen – zum Beispiel Pilzsporen – enthalten könnte, soll nicht zum Mulchen verwendet werden.

Folgende Gartenflächen eignen sich für das Mulchen:
- Rosen- und Staudenbeete.
- Flächen unter Hecken und Sträuchern.
- Gemüse- und Blumenbeete.
- Neuanlagen, ehe die Bodendecke zugewachsen ist.

Die anfangs auffälligen Farben des Materials, hellgelb bei Holzhäcksel aus zerkleinerten Ästen und Zweigen von Bäumen und Sträuchern, das kräftige Braun von Rinde – oder das frische Grasgrün vom Rasenschnitt – verlieren bald ihre manchmal als störend empfundene

Mulchen mit Grasschnittgut (oben) oder Rindenmulch (unten) vermindert den Unkrautwuchs.

Angepasste Gartengestaltung

Intensität und nehmen allmählich immer mehr die gewohnte Erdfarbe an.

Der sonstige, meistens bekannte pflanzenbauliche Nutzen des Mulchens wird nur der Vollständigkeit wegen erwähnt: Mikroorganismen und andere Bodenlebewesen und somit letztlich unsere Kulturpflanzen werden gefördert. Die organische Substanz wird erhöht.

Mulchen von Rasenflächen

Das Entfernen von Gras nach dem Rasenschnitt wird von vielen älteren Menschen als mühsam empfunden, selbst dann noch, wenn motorgetriebene Geräte mit Auffangkorb eingesetzt werden. Manchem ist das Wegtragen des gefüllten Korbes zu beschwerlich, wie uns berichtet wurde. Lesen Sie dazu auch die Anmerkungen im Kapitel „Rasenpflegegeräte".

Oft weiß man auch nicht, wohin man im Garten das beim Schnitt reichlich anfallende Gras bringen kann, besonders in der zweiten Sommerhälfte. Denn bis zu dieser Zeit sind die geeigneten Flächen auf dem Grundstück schon vorher gemulcht worden.

Beides sind Gründe, die für das Liegenlassen des Grases auf dem Rasen sprechen. Allerdings – und das darf nicht unerwähnt bleiben – muss man häufiger mähen, damit die abzumähenden Halme nicht zu lang werden sondern kurz bleiben. Durch zu lange Halme könnte die Rasenfläche „verschmieren". Dieses Problem wird allerdings durch Neuentwicklungen bei Elektro- und bei Benzinmähern behoben. Sie zerkleinern lange Halme zu kurzen Stücken.

Zur Erinnerung:
Öffentliche Rasenflächen in Parkanlagen werden ausschließlich und erfolgreich so behandelt. Manche Gartenbesitzer geben Fachbetrieben des Garten- und Landschaftsbaus Daueraufträge zum Rasenmähen. Diese verfahren in der Regel genauso.

Geeignete Pflanzen für den seniorengerechten Garten

Schwach wachsende Obstbäume im Haus- und im Kleingarten

Sich zu strecken macht zunehmend Mühe (Angaben in Prozent)					
Altersklassen in Jahren					
	Über 70	60 bis 70	50 bis 60	Unter 50	Durchschn.
Frauen	29	15	10	8	15
Männer	17	4	7	6	7

„Weil man hoch reichen muss, ist das Beschneiden der Bäume beschwerlicher als andere Arbeiten."
So empfindet es ein über 70 Jahre alter „alter Hase".

Wie in verschiedenen anderen Kapiteln dieses Buches wird auch hier auf die Mühen und Gefahren hingewiesen, die beim Ernten von Obst und beim Pflegeschnitt in hohen Obstbäumen auftreten. So schön ein großer Hochstamm eines Apfel-, Birn- oder Süßkirschbaumes auch anzusehen ist, für die Bearbeitung durch ältere – aber auch junge – Gartenfreunde beiderlei Geschlechts ist er im Haus- und im Kleingarten nicht uneingeschränkt empfehlenswert. Wir raten zu anderen Baumformen.

Beschwernisse beim Steigen auf Leitern (Angaben in Prozent)					
Altersklassen in Jahren					
	Über 70	60 bis 70	50 bis 60	Unter 50	Durchschn.
Frauen	51	46	26	8	34
Männer	38	16	13	6	18

Unvernunft

In unseren zahlreich geführten Gesprächen mit jung gebliebenen alten Gartenfreunden haben wir viele interessante, nützliche Hinweise bekommen. Doch bekanntlich schützt auch Alter nicht vor Torheit. Vereinzelt

Angepasste Gartengestaltung

Nach Auskunft der „Securitas-Kleingartenversicherung" in Köln resultieren zur Haupterntezeit ungefähr 50% aller gemeldeten Unfälle im Kleingarten aus Stürzen von Leitern.

wurden Gefahrenquellen zwar nicht geleugnet, die notwendigen Schlussfolgerungen aber als überflüssig bezeichnet. Folgerungen, die aus gefahrenträchtigen Tätigkeiten im Garten abzuleiten sind. So wurde zum Beispiel das Arbeiten von alten Menschen auf Leitern in Hochstamm-Obstbäumen deswegen als vertretbar bezeichnet, weil in vielen anderen Lebensbereichen außerhalb des Gartens ebenfalls Gefahren lauern.

Vereinfachungen

Die verschiedenen Arbeiten an Obstbäumen können heutzutage deutlich vereinfacht werden.

Wir sind gewiss, dass viele der geschätzten Leser das bereits durchführen. Wer sich aber mit offenen Augen umsieht, wird schnell erkennen, dass diesbezüglich doch noch reichlich Aufklärungsarbeit und Ermunterung zur Umsetzung notwendig ist.

Das oft noch übliche gefährliche Klettern mit Leitern in mehrere Meter hohe Bäume ist nicht notwendig. Es muss wirklich nicht sein, dass Hochbetagte, wie uns und sicherlich auch Ihnen bekannt ist, mit schweren Verletzungen und Knochenbrüchen in das Krankenhaus eingeliefert werden, weil Kirschen, Äpfel oder Birnen in luftiger Höhe gepflückt werden müssen. Aber leider befinden sich alte Menschen hierbei auch „in guter Nachbarschaft" mit jungen. Selbst Todesfälle durch Stürze von der Leiter beim Obst ernten oder bei Schnittmaßnahmen sind uns persönlich bekannt. Sie sind nicht nur in Statistiken von Krankenkassen aufgeführt.

Man kann insbesondere für kleinere und mittelgroße Grundstücke nur immer wieder empfehlen, bereits im jungen oder mittleren Alter schwach wachsende und kleinkronige Obstbäume zu pflanzen.

Schon Konfuzius sagte:

> „Wenn der Mensch nicht über das nachdenkt, was in ferner Zukunft liegt, wird er das schon in naher Zukunft bereuen."

Geeignete Pflanzen

Nicht nur das Arbeiten auf Leitern ist oft mühsam, auch die Ernte oder Schnittmaßnahmen vom Boden aus mit langgestielten Obstpflückern sind auf Dauer anstrengende Tätigkeiten, wie es bereits in den Zitaten am Anfang dieses Kapitels deutlich wird. Die Autoren wissen es auch aus ihrem eigenen Garten.

Man muss den langen Stiel an die richtige Pflückstelle balancieren, den Kopf fortwährend in den Nacken legen, und gewärtig sein, von herabfallenden Früchten getroffen zu werden.

Trotzdem ist es allemal besser, vom Boden aus mit langstieligen Geräten zu arbeiten als sich auf waghalsige Klettertouren zu begeben.

Niederstammobst
Solche mit Erschwernissen verbundenen Arbeiten können durch das Pflanzen von Obstbäumen auf schwachwüchsiger Unterlage vermieden werden.

> „Ich habe große Bäume gerodet und durch kleinkronige ersetzt",

merkt ein 60 bis 70 Jahre alter Gartenfreund an.

Eine 50 bis 60 Jahre alte Frau schrieb:
> „Wir haben weniger stark wachsende Arten gepflanzt."

Das Sägen über Kopf an hohen Obstbäumen ist mühsam, aber trotzdem gefährlichen Leiter-„Hochtouren" vorzuziehen.

Angepasste Gartengestaltung

Der Arbeitsaufwand wird dadurch deutlich geringer. Die Früchte oder die zu schneidenden Triebe sind vom Boden aus meist im Stehen zu erreichen. Notfalls kann eine kleine, stabile, sicherheitsgeprüfte Stehleiter verwendet werden. Hierin sehen wir keinen Widerspruch zu der Empfehlung, das Arbeiten mit langen Leitern in Hochstamm-Obstbäumen möglichst zu vermeiden.

Apfelbüsche

Typische Beispiele sind Apfelbüsche. Bei ihnen beginnt die Krone bereits bei 40 bis 60 cm Stammhöhe. Eine weitere nützliche Begleiterscheinung ist der geringe Platzbedarf der Apfelbüsche, weil die Krone klein bleibt. Der Pflanzabstand von Baum zu Baum beträgt nur ungefähr vier Meter. Trotz kleiner Gartenfläche braucht man dadurch auf die Vielfalt der Obstarten und -sorten nicht zu verzichten. Diese Bäume bringen bereits nach zwei oder drei Jahren die ersten Früchte und sind wenige Jahre später im Vollertrag.

Niedrige Apfelbüsche lassen sich bequem bearbeiten.

Buschform.

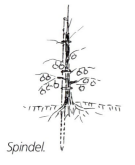

Spindel.

Die folgende Übersicht zeigt die wesentlichen Merkmale der beiden genannten Erziehungsformen beim Apfel.

Merkmal	Busch	Spindel
Stammhöhe	Cirka 60 cm	Circa 40 cm
Gesamthöhe, ausgewachsen	2,5 bis 3,5 m	1,8 bis 2,5 m
Platzbedarf (Durchmesser)	4 bis 6 m	1,5 bis 2,5 m
Typische Merkmale im Aufbau	Fruchtruten sitzen an einem vieljährigen Astgerüst	Fruchtruten sitzen direkt an der Mittelachse
Wichtige Voraussetzungen	Schwache bis mittelstarke Veredelungsunterlage	Schwach wachsende Veredelungsunterlage
Kulturmerkmale	Dauerhafte Anbindung an einen Pfahl, der bis zum untersten Kronenast reicht	Dauerhafte Anbindung an einen ca. 2 m langen Pfahl oder an ein Gerüst mit Spanndrähten
Baumscheibe von Bewuchs freihalten	Mindestens während der ersten 5 bis 6 Jahre	Zeitlebens

Geeignete Pflanzen

Unterlagen für schwachwüchsige Bäume sind u. a.:
- beim Apfel M 9 und M 26
- bei der Birne die Quitte
- bei Süßkirschen die „Gisela"-Unterlagen
- bei Quitten der Weißdorn

Niedrig bleibende Apfelbäume gibt es schon lange. Kleinkronige, niedrig bleibende Süßkirschenbäume auf „Gisela"-Unterlagen sind sind seit Mitte der 90-er Jahre im Handel. Sie werden in der Endgröße nur ungefähr 3 bis 3,5, manchmal 4 Meter hoch, und bleiben somit wesentlich kleiner als die herkömmlichen Bäume. Durch geschicktes Schneiden kann man sie problemlos auch niedriger halten. Solche Bäume eignen sich sehr gut für kleine Gärten und für ältere Menschen.

Interessante kleinwüchsige Obstgehölz-Alternativen zur Arbeitserleichterung sind außerdem Spindelbüsche, schlanke Spindel, Spaliere mit Äpfeln, Birnen, Beerenobst auf Stämmchen, „Ballerina"-Säulen-Apfelsorten, Mini-Obstbäume, und sogar Erdbeeren, die am Spalier hochgezogen werden.

Wer Obstgehölze nicht auspflanzen, sondern ständig in Containern auf Balkonen oder Terrassen halten will, muss bedenken, dass die Bewässerung und der Frostschutz besonderer Aufmerksamkeit bedürfen. Vorteil ist, dass man sie „fast im Sitzen" kultivieren, ernten und schneiden kann.

Bei allen genannten Beispielen entfallen viele der den Rücken belastenden Bückarbeiten sowie gestreckte Körperhaltungen. Ein weiterer Vorteil ist, dass die Erntemenge überschaubar bleibt.

Wir empfehlen, zu diesem Themenkomplex die reichlich angebotene Spezial-Literatur heranzuziehen und Fachleute aus Ihrer Baumschule, Ihrem Gartencenter und der Gartentelefone der deutschen Gartenakademien zu befragen. Im Rahmen dieses Buches würde eine Vertiefung des Themas nicht angebracht sein.

Süßkirsche „Linda" auf der schwach wachsenden Unterlage „Gisela".

Kernobst auf dem Balkon: Ballerina-Stämmchen.

Angepasste Gartengestaltung

Neue Züchtungen bei Obst sind wesentlich widerstandsfähiger gegen Krankheiten als alte Lokalsorten.

Erntearbeiten können vom Boden aus bequem im Stehen durchgeführt werden, wenn man sich einen kleinen Eimer am Hosengürtel befestigt und die reifen Früchte hierin ablegt. Dadurch hat man beide Hände entweder zur Arbeitserledigung frei oder man kann sich mit einer Hand festhalten und mit der anderen pflücken.

Füllen Sie die Behälter nicht zu voll, gehen Sie notfalls zweimal mit halb gefüllten Gefäßen zum Sammelplatz und denken Sie an den klugen Spruch: *„Ein fauler Esel schleppt sich tot, ein fleißiger geht zwei Mal."*

Apfelspalier an einer Hauswand.

Achten Sie beim Kauf von kleinwüchsigen Obstgehölzen auch auf deren Widerstandsfähigkeit gegen Krankheiten und Schädlinge. Sie haben dann nicht nur bequem zu pflegende Bäume, sondern zugleich auch solche, die weniger vorbeugende und bekämpfende Pflanzenschutzmaßnahmen erfordern.

Nicht jede alte und in der Erinnerung verklärte Obstsorte ist tatsächlich so gut gewesen wie nachträglich behauptet wird. Und nicht jede alte Lokalsorte ist widerstandsfähiger gegen Krankheiten oder Schädlinge als Neuzüchtungen.

In den letzten Jahrzehnten wurden zum Beispiel bei der Züchtung neuer Apfelsorten deutliche Erfolge hinsichtlich der Resistenz gegen Mehltau und Schorf erzielt. Gute Belege dafür sind die „Re" und die „Pi"-Sorten, die noch in der ehemaligen DDR das „Licht der Welt erblickten". „Re" steht für Resistenz, „Pi" für Pillnitz, einem Stadtteil von Dresden, der nicht nur in Fachkreisen seit über hundert Jahren für erfolgreiche Arbeiten im Obstbau bekannt ist. Auch in der Anfälligkeit gegen Spinnmilben wurden Züchtungserfolge erzielt.

Spaliere kann man schon vorgezogen kaufen.

Bei Stachelbeeren sind die beiden Sorten „Invicta" und „Reflamba" zugleich wohlschmeckend als auch widerstandsfähig gegen den amerikanischen Stachelbeermehltau. Stachelbeeren und Johannisbeeren, die als Stämmchen gezogen sind, bringen im Vergleich zu Büschen für alte Menschen in der Regel Arbeitserleichterungen. Das gleiche gilt für Brombeeren und Kiwis am Spalier.

Bodendecker

Die Befragung zeigte deutlich, dass das Schneiden von Bodendeckerpflanzen sowohl Männern als auch Frauen nur wenige Beschwerden macht. Diese Pflanzengruppe ist also für das Alter sehr zu empfehlen.

Beschwerden bei der Pflege von Bodendeckern (Angaben in Prozent)					
Altersklassen in Jahren					
	Über 70	60 bis 70	50 bis 60	Unter 50	Durchschn.
Frauen	15	9	3	6	8
Männer	7	3	2	3	3

„Bodendecker machen keine Arbeit",
schrieb eine Freizeitgärtnerin von 50 bis 60 Jahren. Eine andere im selben Alter hat offenbar die gleiche Erfahrung gemacht:
„Nach 30-jähriger Gartenarbeit haben wir Bäume durch Sträucher und klein bleibende Koniferen ersetzt und Bodendecker gepflanzt."

Den Boden bedeckende Pflanzen – gewöhnlich „Bodendecker" genannt – sind bekanntlich solche, bei denen mehrere niedrig bleibende Pflanzen derselben Art und Sorte auf der Fläche dicht beieinander wachsen. Dadurch entsteht nach einiger Zeit ein einheitlicher, geschlossener Pflanzenbestand. Unkraut hat es schwer, sich anzusiedeln, was in diesem Fall den Freizeitgärtnern besonders willkommen ist. Das ist oft der Hauptgrund bei der Anlage einer Bodendeckerfläche. Ein bis zwei Jahre nach der Pflanzung ist der Bestand normalerweise so dicht verwachsen, dass die Bodenoberfläche nicht mehr zu erkennen ist. Das verringert den Pflegebedarf enorm. Es darf aber auf keinen Fall vergessen werden, vor der Pflanzung alle Wurzelunkräuter sorgfältig zu entfernen. Weitere Vorteile von Boden deckenden Pflanzen sind, dass der Boden an Hanglagen vor Abschwemmungen und vor zu starker Sonneneinstrahlung und Austrocknung geschützt ist.

Angepasste Gartengestaltung

Bodendeckende Staude: Ungarwurz (Waldsteinia temata).

Boden bedeckende Stauden

Die Auswahl stellt ein Grundsortiment dar. Es kann nicht alle Besonderheiten hinsichtlich Bodenart, pH-Wert, Klima, Höhenlage, Einstrahlung, dem persönlichen Schönheitsempfinden sowie anderen Anforderungen berücksichtigen. In der Regel sind die nachfolgend genannten Arten dauerhaft – brauchen also nicht oft umgepflanzt zu werden –, robust, und verdienen tatsächlich den Namen „Bodendecker". Sie erreichen überwiegend Höhen von 10 bis 20 cm. Diese Staudenflächen sind weniger trittfest als solche mit

Lateinischer Name	Deutscher Name Sortenname	Lichtbedarf Sonne ○ Halbschatten ● Schatten ●	Wuchsform	Höhe in cm (circa)	Bedarf Stück pro qm
Acaena microphylla	Stachelnüsschen „Kupferteppich"	○ bis ●	flach	10	40
Alchemilla mollis	Frauenmantel	● bis ●	aufrecht	20 bis 30	30
Alyssum saxatile	Steinkraut	○ bis ●	kriechend	25	
Asarum europaeum	Haselwurz	● bis ●	aufrecht	5	25
Bergenia Hybriden	Bergenie	○ bis ●	aufrecht	35 bis 50	4 bis 6
Brunnera macrophylla	Kaukasus-Vergissmeinnicht	○ bis ●	aufrecht	50	4
Epimedium peraldianum	Elfenblume „Frohnleiten" und andere Sorten	● bis ●	aufrecht	30	16
Geranium cantabringiense	Storchenschnabel	○ bis ●	buschig niederliegend	20	6
Lysimachia numularia	Pfennigkraut	○ bis ●	kriechend	5	6
Nepeta X faasenii	Katzenminze	○	aufrecht	30	5
Orinanum vulgare	Dost „Tumblas"	○	aufrecht		20
Pachysandra terminalis	Ysander	● bis ●	aufrecht	20	16
Tiarella cordifolia	Schaumblüte	● bis ●	flach, Ausläufer bildend	6	10
Vinca minor	Immergrün	○ bis ●	kriechend	10	12
Waldsteinia ternata	Ungarwurz	● bis ●	aufrecht	10	16

Bodendecker

Gehölzen. Manche vertragen es dennoch, gelegentlich vorsichtig betreten zu werden. Wenn sich der Pflanzenbestand sehr schnell schließen soll, um die Unkrautfreihaltung der anfangs noch offenen Flächen zu bekommen, müssen eventuell mehr Pflanzen gesetzt werden, als in der Tabelle angegeben ist. Dasselbe gilt für ungünstige Standorte, auf denen die Sicherheit des Anwachsens nicht voll gegeben ist. Kleinflächige und bandförmige, aus der Nähe zu betrachtende Flächen müssen besonders dicht gepflanzt werden, immer jedoch arten- und sortentypisch.

Boden bedeckende Gehölze

Gehölze als Bodendecker sind je nach Gattung und Art flach bodendeckend bis etwa einen Meter hoch. Sie sind grundsätzlich weniger empfindlich als Stauden und können länger als diese an einem Standort verbleiben. Das ist sicherlich für manchen Freizeitgärtner eine wichtige Entscheidungshilfe. Natürlich ist auch bei ihnen eine gewisse Wartezeit zwischen der Pflanzung und dem Dichtschließen des Bestandes abzuwarten. Die

Bodendeckende Gehölze: Zwerg-Scheinmispel (Cotoneaster) [o.] und Efeu (Hedera felix) [u.].

Lateinischer Name	Deutscher Name Sortenname	Lichtbedarf Sonne ○ Halbschatten ◐ Schatten ●	Wuchsform	Höhe in cm (circa)	Bedarf Stück pro qm
Calluna vulgaris	Herbstheide	○ bis ●	breit aufrecht	25 bis 50	8
Cotoneaster	niedrige Zwerg-Scheinmispel, z. B. „Streibs Findling", und andere	○ bis ●	flach aufliegend	15	6 bis 8
Euonymus fortunei	Spindelstrauch „Minimus"	○ bis ●	flach aufliegend	10	10
Hedera felix	Efeu	○ bis ●	flach aufliegend	20	6 bis 8
Juniperus horizontalis	Kriechwacholder „Glauca"	○ bis ●	kriechend	25	5
Lingustrum vulgare	Linguster „Lodense"	○ bis ●	kompakt aufrecht	60	5
Lonicera nitida	Jelängerjelieber	○ bis ●	buschig dichtt	70	5
Microbiota decussata	Micobiote	○ bis ●	polsterförmig	40	6
Spirea japonica	Spierstrauch	○ bis ●	kriechend	5	6
Taxus baccata	Kisseneibe „Repandens"	○ bis ●	Kissenförmig	60	2

Angepasste Gartengestaltung

Eine schöne Ligusterhecke umzieht ein größeres Grundstück.

Schnittarbeiten sind jedoch insgesamt weniger aufwändig als die Pflegearbeiten an Stauden.
Eine Um- oder Neupflanzung kommt meistens erst nach einem Jahrzehnt oder noch später in Betracht. Bodendeckende Gehölze sind demnach nach der Pflanzung mit sehr wenig Arbeit verbunden.

Einige Gedanken zu Hecken

Als Hecken eignen sich eine Vielzahl von Gehölzen. Vor der Pflanzung sind einige Fragen zu klären, die durchaus unter dem Gesichtspunkt der anfallenden Arbeiten (Pflege, Schnitt) mit zunehmendem Alter zu sehen sind. Natürlich wird die Beantwortung der Fragen durch jede Person individuell erfolgen.

Wie schnell und wie dicht soll das Wachstum sein?
Schnell wachsende Gehölze wachsen hoch und müssen entsprechend immer wieder eingekürzt und zurückgeschnitten werden. Hier fällt also wiederholt ein nicht zu unterschätzender Arbeitsaufwand an.

Soll eine Hecke schon bald nach Pflanzbeginn „fertig" sein, muss man große Pflanzen kaufen. Es gibt auch die Möglichkeit der doppelreihigen Bepflanzung. Die Hecke wird dann schon frühzeitig besonders dicht, man benötigt aber auch die doppelte Pflanzenmenge. Der jährlich ein- bis zweimal notwendige Schnitt erfolgt an den Außenseiten der beiden Reihen, ist also arbeitsmäßig kaum höher als bei einer einreihigen Pflanzung.

Sind Sicht-, Wind- und Lärmschutz erwünscht?
Je höher und undurchsichtiger eine Hecke ist, desto eher sind Sicht-, Wind- und Lärmschutz gegeben. Man kann dieses aber aufgrund der meist kleinen Gärten nur sehr begrenzt beeinflussen.

Hohe Hecken können die gewünschte Wirkung von Straßenlampen und Beleuchtungen beeinflussen. Mit

Hecken

zunehmendem Alter benötigt man mehr Helligkeit für Wege, Zugänge und Hauseingänge. Auch Stufen werden häufig nicht mehr so gut erkannt. Aufgrund dieser Erkenntnisse wird man sich häufig für niedrige Hecken entscheiden.

Hohe Hecken können das Licht von Straßen- oder Hauslampen abschirmen und Schatten auf Wege und Eingänge werfen.

Welche Endhöhe soll erreicht werden?
Hoch gewachsene Hecken lassen sich kaum ohne Leiter oder andere Hilfsmittel schneiden. Man muss selbst entscheiden, was einem wichtiger ist: Sicht- und Windschutz mit mühevoller Schneidarbeit einerseits oder weniger Schutz, jedoch geringere Mühe beim Schneiden mit niedrigeren Hecken andererseits.

Sollen sommer- oder wintergrüne Laub- oder Nadelgehölze verwendet werden?
Sommergrüne Laubgehölze werfen im Winterhalbjahr das Laub ab. Es sind also zusätzliche Säuberungen durchzuführen, zum Beispiel bei Hainbuchen.

Wintergrüne Laubgehölze sind nicht immergrün, wie manchmal fälschlich angenommen wird. Sie werfen ihr Laub während des Winters oder danach über einen längeren Zeitraum verteilt ab, so dass dieses kaum auffällt. Ein Beispiel dafür ist der Liguster, Sorte „Atrovirens". Ein immergrünes Laubgehölz, das auch als Hecke gezogen werden kann, ist der Kirschlorbeer.

Nadelgehölze gibt es als sommergrüne, zum Beispiel Lärche, und als immergrüne, beispielsweise die Eibe. Lärchenhecken sieht man häufig. Im Herbst färben sich die Nadeln gelblich und fallen dann innerhalb weniger Tage ab. Ob sie entfernt werden sollen, lässt sich nicht verallgemeinernd beantworten. Vom Wind verweht können sie sehr lästig werden.
Immergrüne Nadelgehölze behalten ihre Nadeln über einen längeren Zeitraum, aber irgendwann fallen sie auch mal ab und werden durch neue ersetzt. Bei ihnen wird es deutlich weniger nötig sein, regelmäßige Säuberungsaktionen durchzuführen.

Angepasste Gartengestaltung

Regelmäßig zu schneidende Hecken ohne besondere Ansprüche sind:
- Feldahorn *(Acer campestre)*:
  Beliebte Heckenpflanze. Sehr dicht.
- Buchsbaum *(Buxus)*:
  Immergrün. Sehr dicht und je nach Art unterschiedlich langsam wachsend.
- Hainbuche *(Carpinus betulus)*:
  Behält lange das Laub. Sehr dichte Hecke.
- Kornelkirsche *(Cornus mas)*:
  Blüht gelb im zeitigen Frühjahr. Sie hat essbare Früchte im Herbst, die einen länglichen, harten Stein enthalten, angenehm säuerlich schmecken und für Marmelade verwendet werden können.
- Rotdorn *(Crataegus laevigata)*:
  Blüht im Frühjahr. Undurchdringlich.
- Feuerdorn *(Pyracantha coccinea)*:
  Fruchtet je nach Sorte in rot, gelb oder orange.
- Spierstrauch *(Spiraea vanhouttei)*:
  Weiß blühend. Sehr dicht.

Hecke aus Hainbuche.

Wann darf man Hecken schneiden und wann nicht?

Die Ausführungsbestimmungen der Naturschutzgesetze der Bundesländer enthalten nähere Regeln zum Schutz der Vögel, insbesondere zum Schutz der Brut. Diese Regelungen sind bundesweit nicht völlig einheitlich. Deshalb muss man sich in seinem Bundesland jeweils nach den Einzelheiten erkundigen. Im innerörtlichen Bereich spielen diese Regelungen allerdings keine so große Rolle.

Friedhof und Grabpflege – einige Anmerkungen

Die Pflege von Gräbern von nahen oder entfernten Verwandten ist den meisten Hinterbliebenen ein starkes emotionales Bedürfnis und eine vornehme Pflicht.
In diesem Buch soll nicht auf die psychischen und sozialen Aspekte eingegangen werden. Die Autoren beschränken sich auf die gärtnerisch-pflegerisch wichtige Durchführung der Grabpflege. Nur so viel sei gesagt: Besuche am Grab und seine Pflege sind unverzichtbare Bestandteile der Trauerbewältigung, nicht nur während der ersten Monate nach einem Todesfall. Sie können dem nun einsameren Leben der Hinterbliebenen einen gewissen Halt und zuweilen auch eine zeitliche Struktur geben, was hilfreich sein kann.
Meistens sind ja Witwen oder Witwer die am stärksten Betroffenen, die den Lebensgefährten oder die Lebensgefährtin nach oftmals vielen gemeinsamen Jahrzehnten betrauern.

Eine Grabstelle ist ein kleiner Garten

Betroffenheit der Hinterbliebenen

Pflegearbeiten auf dem Grab können die Hinterbliebenen auf unterschiedliche Weise erleben: Bei manchen Menschen fallen die Arbeiten zusätzlich zur Arbeit im eigenen Hausgarten beziehungsweise im gepachteten Kleingarten an. Oder sie können bei anderen die zur Zeit alleinige gärtnerische Tätigkeit sein, jedoch mit guten Kenntnissen und Erfahrungen aus vorangegangener Gartenarbeit, die gegenwärtig aber nicht mehr ausgeübt wird. Und zuletzt machen die Pflegearbeiten auf dem Grab bei wiederum anderen Menschen ohne Vorkenntnisse die alleinige gärtnerische Tätigkeit aus, weil in der Vergangenheit niemals ein Garten zu bewirtschaften war. In diesem Fall ist die Grabpflege die erstmalig durchzuführende gärtnerische Tätigkeit. Das fällt manchem im Seniorenalter gewiss nicht leicht.

Angepasste Gartengestaltung

Die drei beschriebenen Personengruppen werden wegen der dargelegten Umstände und Begleiterscheinungen die Grabpflege unterschiedlich empfinden – sowohl was die körperlichen Aspekte wie auch die Sicherheit oder Fragen über die zu treffenden Maßnahmen betrifft.

Entfernung zum Friedhof
Eine große Rolle spielt die Entfernung von der Wohnung zum Friedhof, ebenso die Möglichkeiten, diesen Weg zurückzulegen: Manchmal ist die Wegstrecke nur kurz und bequem zu Fuß zurückzulegen. Oft ist sie aber lang, und für viele Ältere deshalb beschwerlich oder umständlich. Wenn kein Dauerauftrag zur Grabpflege an einen Friedhofsgärtner vergeben wurde, will oder muss man die Arbeit selbst durchführen, es sei denn, Verwandte erledigen sie.

Gerätetransport
Dann stellt sich die Frage, wie die zur Pflege notwendigen Geräte transportiert werden können. Das Problem ist so lange leicht zu lösen, wie man selbst noch Auto fährt. Wenn das aber nicht oder nicht mehr möglich ist, ist man bei größerer Entfernung zum Grab auf öffentliche Verkehrsmittel, Verwandte, Freunde oder ein Taxi angewiesen.

Man wird sich in diesen Fällen auf wenige Geräte zur Arbeitserledigung beschränken wollen und müssen. Gießkannen zum Wässern der Pflanzen sind auf den Friedhöfen in aller Regel vorhanden. Meistens fehlen aber die Geräte zur Boden- und zur Pflanzenpflege. Man muss sie selbst mitbringen. Nur selten will oder kann man sie am Grab bis zum nächsten Besuch so verstecken, dass sie nicht abhanden kommen oder den Anblick der Grabanlagen stören.

Auf dem Hin- und auf dem Rückweg zum und vom Friedhof möchte der ältere Mensch keine sperrigen und schweren Geräte transportieren, jedenfalls nicht regelmäßig. Am wenigsten hinderlich und am wenigsten

Grabpflege

schwer sind zwar Handgeräte mit kurzem Griff, aber wegen des kurzen Stieles ist es notwendig, zur Bodenbearbeitung den Rücken tief zu beugen, sich hinzuhocken oder im Extremfall sogar auf die Knie zu gehen. Jede der genannten Körperhaltungen ist mehr oder weniger anstrengend und der Gesundheit abträglich.

Ein Problem bei der Grabpflege ist oft der Transport der Gartengeräte zum Friedhof und wieder nach Hause.

Gerätewahl

Abhilfe schaffen hierbei Geräte mit ausziehbaren Teleskopstielen, die im Detail an anderer Stelle des Buchs behandelt wurden. Durch ihre geringe Sperrigkeit sind sie bei der Mitnahme im öffentlichen Verkehrsmittel oder während des Fußmarsches zum Friedhof wenig hinderlich und deshalb ideal für den beschriebenen Personenkreis. Im Handel stehen robuste Geräte mit in der Regel höherem Gewicht sowie weniger strapazierfähige mit geringem Gewicht zur Auswahl. Oft werden die weniger robusten Geräte mit niedrigem Gewicht für die Grabpflege ausreichen. Denn auf Gräbern fallen ja kaum schwere Bodenbearbeitungen an. Es wird nur selten umgegraben. Zudem ist der Boden auf Gräbern oft nicht verhärtet. Die häufigsten Maßnahmen zur Bodenpflege sind das Hacken, das Lockern und das Harken. Dazu reichen etwas leichter gebaute Geräte mit geringem Gewicht üblicherweise aus. Sinngemäß gilt dasselbe für Heckenscheren zum Trimmen der Bodendecker, für Gartenscheren und für Pflanzschäufelchen.

Regelmäßig anfallende Arbeiten auf dem Grab:
- Gießen.
- Bodenlockerung.
- Beseitigung von Unkraut und unansehnlich gewordenen Zierpflanzen.
- Pflanzenpflege.

In größeren Zeitabständen zu erledigende Tätigkeiten:
- Pflanzungen – im Frühjahr zum Beispiel Stiefmütterchen und Primeln, im Frühsommer mit einer großen Auswahl an Beetpflanzen, und im Frühherbst, beispielsweise Eriken und Callunen.

Angepasste Gartengestaltung

Der „Pop Up" ist leicht zu öffnen...

...hat ein sehr geringes Gewicht...

...und ein großes Volumen.

- Abräumen im Herbst.
- Anschließend Winterschmuck aufbringen.
- Im Frühjahr Winterschmuck beseitigen.

Für den Abtransport von Unkraut, Pflanzenresten und ähnlichem zur Kompostsammelstelle des Friedhofs benutzt man vorteilhaft Plastikbeutel, wenn man keine sperrigen Eimer oder Körbe mit sich führen will.

Zum Heranbringen frischer Erde bietet sich eine kleine Karre an. Pflanzen trägt man besser auf Paletten, in Körben oder Kartons als in Beuteln.

Praktisch für den Friedhof: Der „Pop Up"

Auf dem Weg zum Friedhof oder auch zum entfernt liegenden Kleingarten sind insbesondere nichtmotorisierte alte Menschen froh, wenn sie wenig sperriges Gerät zur Grabpflege beziehungsweise zum Garten mitnehmen müssen. Anstelle eines eventuell benötigten Eimers oder Korbes kann man den faltbaren Gartensack aus Kunststoff namens „Pop Up" benutzen (Firma Fiskars). Er ist wesentlich strapazierfähiger als gewöhnliche Plastikbeutel, hat aber im übrigen die gleichen Vorzüge wie diese: Er kann flach und platzsparend zusammengedrückt werden, wiegt wenig, ist leicht zu öffnen und fällt nicht von selbst in sich zusammen. Er hat zwei Griffe, ist aufgefaltet 43 cm hoch und hat einen Durchmesser von 40 cm. Der „Pop Up" eignet sich zum Beispiel zum Laubsammeln und ähnlichen Tätigkeiten. Zusammengeklappt kann er im Schuppen, in der Garage oder im Keller platzsparend an einen Haken gehängt werden.

Grabpflege als Dienstleistung

Für Hinterbliebene bieten Friedhofsgärtnereien die Grabpflege als Dienstleistung an. Sie ist besonders empfehlenswert für Personen, die sich beispielsweise wegen Gebrechlichkeit oder zu großer Entfernung zur Grabstelle nicht selbst um das Grab kümmern können.

Ausblicke in die Zukunft

Die Zahl älterer Gartenliebhaberinnen und -liebhaber nimmt zu.
Dennoch wurde diese Tatsache weder von von Gartengeräte-Herstellern noch vom Gartenfachhandel genügend wahrgenommen. Das ist das Fazit der Autoren dieses Buches.
Auch in andern Bereichen haben sich die Autoren umgesehen. Neben vielem, was kritikwürdig ist, haben sie doch auch interessante neue Ansätze gefunden.

Ausblicke in die Zukunft

Beginn einer Neuentwicklung?

Gemüse selbst ernten

Was in Österreich schon seit 1987 Tradition und Verbreitung hat, steckt in Deutschland noch in den Kinderschuhen: Es handelt sich um das Pachten von Gemüseparzellen durch interessierte Personen oder Familien, für die der Verpächter eine zusätzliche Dienstleistung erbringt. Er führt sämtliche Bodenbearbeitungen durch und nimmt das Aussäen und das Pflanzen vor. Alle Pflegearbeiten danach und das Ernten sind Aufgabe der Pächter. Es erfolgt also eine Arbeitsteilung, die gerade auch für ältere Menschen vorteilhaft ist, weil die körperlich schweren Arbeiten für sie entfallen.

Das Projekt „Selbsternte" der Hessischen Staatsdomäne Frankenhausen.

Verpächter sind in der Regel landwirtschaftliche oder gärtnerische Betriebe, oder vereinzelt auch öffentliche Stellen, die das Vorhaben zur Einführung und zur Erhöhung des Bekanntheitsgrades als Projekt durchführen.

Und so funktioniert es: Der Verpächter legt mit seinen Maschinen mehrere parallel verlaufende lange, schmale Streifen – so genannte Langparzellen – an. Jede einzelne davon wird je nach Lage und Klima des Betriebes Anfang bis Mitte Mai vom Verpächter von vorne bis hinten mit derselben Gattung, Art und Sorte Gemüsepflanzen besät oder bepflanzt. Auf zum Beispiel 20 verschiedenen Langparzellen wachsen ebenso viele verschiedenartige Gemüsearten und Kräuter. Jeder Nutzer pachtet einen rechtwinklig zu den Langparzellen ausgerichteten Streifen. Dadurch hat jeder Pächter kleine Stücke von ungefähr 80 m^2 mit jeweils allen Gemüsearten. Dieses neue Angebot stammt aus der Ökologiebewegung.

Die folgenden Zeilen sind einem Aufsatz von A. Wortmann und J. Heß entnommen: Gemüse selbst ernten –

Gemüse selbst ernten

	Pächter			
	Schulze	Meyer	Lehmann	Becker
Gemüsesorten	Rotkohl	Rotkohl	Rotkohl	Rotkohl
	Weißkraut	Weißkraut	Weißkraut	Weißkraut
	Kohlrabi	Kohlrabi	Kohlrabi	Kohlrabi
	Salat	Salat	Salat	Salat
	Sellerie	Sellerie	Sellerie	Sellerie
	Buschbohnen	Buschbohnen	Buschbohnen	Buschbohnen
	Erbsen	Erbsen	Erbsen	Erbsen
	Möhren	Möhren	Möhren	Möhren
	Porree	Porree	Porree	Porree
	Zwiebeln	Zwiebeln	Zwiebeln	Zwiebeln
	usw.	usw.	usw.	usw.

Bis zu 25 Sorten von Gemüsen und Blumen können die Pächter der „Selbsternte"-Parzellen ohne die Mühe der Bodenbearbeitung und des Anpflanzens genießen.

ein Beitrag zu nachhaltigem Konsum, Ökologischer Landbau, 2001, S. 324–328).

„Die Nutzer und Nutzerinnen sind vom Zeitpunkt der Übergabe im Mai bis zum Herbst für die Pflege und das Beernten ihrer Parzelle selbst verantwortlich. Gartengeräte und Wasser bzw. Bewässerung werden vom Betrieb gestellt. Dieser ist auch für die Bodenbearbeitung und gegebenenfalls für die Düngung zuständig. Ein Informationsbrett mit Pflege- und Erntehinweisen und zum Teil auch zusätzliche Kräuter- und Blumenbeete ergänzen die Parzellen. Die Nutzerinnen und Nutzer können während der Saison jederzeit frisches Gemüse ernten, erhalten biologisch angebautes Gemüse zu einem günstigen Preis, können den Anbauvorgang direkt mitverfolgen und haben so eine größtmögliche ‚Herkunftsgarantie' für ihr Gemüse. Sie können Gemüsegärten ausprobieren, ohne gleich einen Garten pachten und Geräte anschaffen zu müssen. Außerdem bekommen sie fachkundige Beratung und Unterstützung."

Das Angebot ist in Deutschland unter dem Namen „Gemüse selbst ernten" bekannt geworden. Ein sol-

Ausblicke in die Zukunft

Für die älteren Nutzer liegt der Vorteil der „Selbsternte" klar auf der Hand: Sie brauchen die mühsame Bodenvorbereitung sowie Säen und Pflanzen nicht selbst durchzuführen.

ches Projekt wird zur Zeit auf der Domäne Frankenhausen in Grebenstein (Landkreis Kassel) durchgeführt. Es wird vom Fachbereich Agrarwissenschaften der Universität Kassel, Standort Witzenhausen, betreut. Im Erscheinungsjahr dieses Buches nutzten ungefähr fünfzig Pächterinnen und Pächter das Angebot. Davon sind etwa die Hälfte junge Familien oder Lebenspartnerschaften mit Kindern. Die andere Hälfte sind Ehepaare im Alter ab sechzig Jahren. In Österreich ist es ähnlich.

Insbesondere für die älteren Nutzer liegt der Vorteil klar auf der Hand: Sie brauchen die für sie mühsame Bodenvorbereitung wie das Umgraben und das Glattharken sowie das den Rücken ebenfalls belastende Säen und Pflanzen nicht selbst durchzuführen. Es wird durch Maschinen des Verpächters erledigt. Das Ernterisiko durch schlechte Witterung, Schädlingsbefall oder Diebstahl muss der Pächter tragen. Positiv und im Sinn dieses Buchs ist auch folgendes: Auf Wunsch können ältere Menschen auch nur halbe Parzellen von ungefähr 40 m^2 pachten, weil ihr Gemüsebedarf wegen kleiner Haushaltsgröße oft nur gering ist. Der Pachtpreis lag in Frankenhausen im Jahr 2002 bei 140 Euro für eine ganze Parzelle.

Befragungen durch die Universität Kassel haben ergeben, dass von den Nutzern ab sechzig Jahre manche bereits vorher einen jetzt aufgegebenen Garten mit allen anfallenden Arbeiten bewirtschaftet haben. Ein anderer Teil hatte vorher noch keinen Nutzgarten. Diese Personen wollen sich an den Anbau von Gemüse und Kräutern im Pachtverfahren „herantasten".

Wie erwähnt, entstand die Idee 1987 in Wien. Sie ist mittlerweile in Österreich unter dem Namen „Selbsternte" (geschützte Wort-Bild-Marke) bekannt. Im Jahr 2000 gab es in Österreich bereits 16 Selbsternte-Standorte mit jeweils 10 bis 380 Parzellen, überwiegend in und um Wien herum und in anderen dicht besiedelten Gegenden.

Gemüse selbst ernten

Das Vorhaben ist für stadtnahe Standorte geeignet. In ländlichen Gebieten ist die Nachfrage meist nur gering, weil hier der eigene Anbau weit verbreitet ist. Die maximale Entfernung zwischen dem Wohnort und dem Pachtgelände sollte 10 km nicht überschreiten. Ein Anschluss an öffentliche Verkehrsmittel wäre von Vorteil. Überschlägige Berechnungen haben ergeben, dass der Wert des selbst geernteten Gemüses den Pachtpreis deutlich übersteigt. Die meisten Nutzerinnen und Nutzer gaben an, wöchentlich ein bis zwei Stunden auf dem Gemüseland zu verbringen.

Angebotene Kulturarten der Gemüse-Selbsternte 2001 (nach: Mittelstraß, K., Domäne Frankenhausen, 2001)	
Individuell gepachtete Parzellen	**Gemeinschaftsfläche**
Gemüse: Kopfsalat, Pflücksalat, Kohlrabi, Radieschen, Busch- und Puffbohnen, Mark- und Zuckererbsen, Weiß- und Rotkohl, Brokkoli, Fenchel, Sellerie, Steckzwiebeln, Porree, frühe und späte Möhren, Mairübchen, Rucola, Zuckermais, Zucchini, Kürbis, Wildtomaten, Rote Bete, Mangold, Spinat, Schwarzwurzeln, Kartoffeln.	Kräuter: Schnittlauch, glatte Petersilie, grünes und rosa Basilikum, Zitronenbasilikum, Estragon, Liebstöckl, Comfrey, Pfefferminze, Sauerampfer, Kerbel, Ysop, Bohnenkraut, Borretsch, Pimpinelle, Zitronenmelisse, Dost, Salbei, Frauenmantel, Thymian.
Kräuter: Krause Petersilie, Dill.	
Blumen: Ringelblumen, Strohblumen, niedrige Sommerblumenmischung.	Blumen: Sonnenblumen.

Es darf aber nicht unerwähnt bleiben, dass bei dem hier vorgestellten interessanten Modell das Obst völlig fehlt. Es ist den Autoren unbekannt, ob es bei den Initiatoren bereits Überlegungen zur Ergänzung gibt, oder ob an anderen Stellen auch Beeren-, Kern- und Steinobst inbegriffen sind.

Ausblicke in die Zukunft

Gärtnern im Seniorenwohnheim?

Einige Gedanken zur Anregung

Die Lebensqualität und die Zufriedenheit von Bewohnerinnen und Bewohnern in Altenpflege-Einrichtungen ließe sich ohne viel Aufwand deutlich verbessern, wenn man ihnen die Möglichkeit zu gärtnern bieten würde.

Manche Bewohner von Seniorenwohnheimen haben früher einen eigenen oder einen gepachteten Garten bewirtschaftet. Sie würden auch nach dem Umzug in das Wohnheim gerne noch gärtnerisch tätig sein, soweit sie dazu in der Lage sind. Es könnten kleine gärtnerische Areale und vielleicht auch Gemeinschaftsgewächshäuser für die Wohnheimbewohner geschaffen und zur Nutzung angeboten werden. Der Heimbeirat und kompetente, interessierte, erfahrene Freizeitgärtnerinnen und -gärtner sollten in die Planungen einbezogen werden.

„Unter den Menschen und Borsdorfer Äpfeln sind nicht die glatten die besten sondern die rauen mit einigen Warzen."

Jean Paul, deutscher Schriftsteller, 1763–1825.

„Die Rauen mit einigen Warzen" sind vielleicht diejenigen Wohnheimbewohner, die der Heimleitung und dem Heimbeirat die überaus positive Wirkung des Gärtnerns nahe zu bringen versuchen. Sie würden damit etwas anstoßen, was aus Geldmangel, wegen Gedankenlosigkeit, aus Bequemlichkeit, mangels geeigneter Fläche, wegen „das haben wir ja noch nie gemacht", aus nachvollziehbaren Gründen oder auch „Entschuldigungen" unterblieben ist.

„Da liegen noch tausend Möglichkeiten brach. Positive, schöpferische Kraft, verbunden mit Verantwortung und Dienst, die letztlich zur Beglückung führen können, ersetzen die frustrierende Bitte der Heimleitung an die Bewohnerinnen und Bewohner, lediglich verwelkte Blumen abzuschneiden."

Aus diesen Worten der achtzigjährigen Charlotte Ottens spricht viel Tatendrang. Es scheint, dass sie eine „Raue mit einigen Warzen" ist.

Gärtnern im Seniorenwohnheim

Leider haben die Bewohnerinnen und Bewohner von Wohnheimen nur sehr vereinzelt Möglichkeiten zu gärtnern. Das „Wohnstift Augustinum" in Mölln in Holstein bildet eine positive Ausnahme. Dort besteht im begrenzten Umfang für je zwei Bewohnerinnen oder Bewohner die Möglichkeit, ein Bankbeet von 50 bis 60 cm Höhe und 4 x 4 Meter Kantenlänge mit Zierpflanzen zu bepflanzen und es in der Vegetationszeit zu pflegen. So haben sie nicht nur selbst Freude daran, sondern verschönern dadurch auch für die Allgemeinheit des Stifts das Umfeld und entlasten bis zu einem gewissen Grad den Hausgärtner.

Die Beete bleiben so viele Jahre in der Verantwortung der Nutzerinnen und Nutzer, wie diese es wollen. Das Angebot nehmen fast ausschließlich Frauen wahr.

Die Beete können nach eigenen Vorstellungen gestaltet werden, wie der Geschäftsführer aus Mölln berichtete.

Wo ein Wille ist, ist auch ein Weg

Diese alte Lebensweisheit findet Bestätigung in einem Bericht von Anne-Kathrin Stöber über einen Garten, der zum „Evangelischen Alten- und Pflegeheim Schloss Landau" bei Bad Arolsen im Waldecker Land gehört. Der folgende, geringfügig geänderte Auszug daraus zeigt das sehr deutlich:

> „Wo früher Lehm- und Matschwege durch Beete und Acker führten, finden sich heute rollstuhlgerechte, gepflasterte Natursteinwege, eingefasst durch stabile hölzerne Handläufe, dazu Hochbeete, Sitzecken, ein Apfelbaumgarten, Hochteich und Kinderspielplatz. Dieser Komplettumbau hat seinen tiefen Sinn in den Bedürfnissen der Heimbewohner. Viele sind hochbetagt, gebrechlich, sitzen im Rollstuhl. Während

Ein beispielhafter Seniorengarten im Evangelischen Alten- und Pflegeheim Schloss Landau bei Bad Arolsen.

eine Gärtnerin mit einer Bewohnerin Stiefmütterchen pflanzt, gießt nebenan ein Rollstuhlfahrer die frisch bepflanzten Kübel. Das ist nicht Arbeit, sondern pures Vergnügen. Der Heimleiter kann nun nicht nur Alte, Familienangehörige und Schulklassen hier begrüßen, sondern auch Vertreter seiner Zunft, die etwas abgucken möchten. Wie hier alles Hand in Hand geht, ist beispielhaft: Blumen landen als Schmuck im Haus, das Obst aus dem alten Apfelgarten auf dem Küchentisch, der örtliche Kindergarten pflegt hier sein Beet. Die Alten treffen so immer wieder die ganz Jungen aus dem Ort."

Die Autoren hoffen, dass diese Anregungen von vielen Verantwortlichen in stationären Altenpflege-Einrichtungen und den Betreibern von Seniorenwohnheimen aufgegriffen und umgesetzt werden.

Gymnastik

*Gartenarbeit ist und bleibt – bei aller
Freude, die man damit hat – doch letztlich
Arbeit. Und die Anstrengungen dabei
führen of zu Verspannungen.
Und welche ältere Gartenfreundin,
welcher ältere Gartenfreund, kennt ihn
nicht, den gefürchteten Hexenschuss?
Die Autoren wollen mit dem folgenden
Kapitel helfen, diese Beschwerden zu
vermeiden, oder, wenn sie schon eingetreten
sind, zumindest zu lindern.*

Gymnastik

Entsprechend unserer Überzeugung, dass nur ganzheitliches Handeln die Freude am Gärtnern im dritten Lebensabschnitt bringen kann, möchten wir Ihnen nachfolgend noch ein Angebot zur Gymnastik vorstellen: *„Fit ab 50 – wir schaffen das."* Dieser auffordernde und Mut machende Slogan des deutschen Sportbundes kann sinngemäß auch für das Gärtnern im Alter übernommen werden.

Rückenschulung und Gymnastik zur Erholung und zur Vorbeugung

Wer jemals an fachgerecht und individuell durchgeführten Rückenschulungen teilgenommen hat, wird in aller Regel die positiven Wirkungen gespürt haben. Sie können wirklich sehr hilfreich sein. Vorbeugende Funktionsgymnastik und Rückenfitness-Übungen helfen dabei.

Mit den folgenden Beispielen wollen wir zeigen, wie man mit einfach durchzuführenden Übungen und ohne fremde Hilfe viel für sich selbst erreichen kann.

Wichtiger Hinweis: Die gezeigten Übungen wurden mit fachlicher Unterstützung einer sehr erfahrenen und verantwortungsbewussten Gymnastiklehrerein ausgewählt. Jeder Anwender der nachfolgend gezeigten und beschriebenen Übungen zur Funktionsgymnastik ist für sich selbst verantwortlich. Die Konsultation eines Arztes vorweg ist anzuraten. Verlag und Autoren können keinerlei Verantwortung für die Gesundheit der Leser übernehmen.

Entlastungen und Erholung

Bandscheiben, Wirbelgelenke und Muskeln entlasten und erholen sich am besten in der horizontalen Ruhelagerung. Vermehrte Flüssigkeitsaufnahme führt dabei zu einem erhöhten Druck (Turgor) in den Bandscheiben. Somit können sie ihre Pufferfunktion besser erfüllen, was sich positiv auf die Leistungsfähigkeit auswirkt. Deshalb soll man bei der Gartenarbeit auch auf ausreichende Flüssigkeitsaufnahme achten und genügend trinken. Ärzte und Ernährungsfachleute wissen, dass alte Menschen in

Rückenschulung

der Regel zu wenig trinken. Nach Belastungen der Wirbelsäule soll immer ihre Entlastung folgen.

Stufenlagerung ist eine Wohltat

Die Folgen der Anstrengungen während der Gartenarbeit für den Rücken können ganz wesentlich abgemildert werden. Das geschieht durch die Stufenlage: Diese Haltung bewirkt eine Regeneration der Bandscheiben und führt zu wohltuender Entspannung. Dabei legt man sich flach auf den Rücken mit einer Gymnastikmatte oder ähnlichem als polsternde Unterlage und legt die Füße und die Unterschenkel bis zur Kniekehle auf einen Stuhl. Das Kniegelenk und die Hüfte sind jeweils rechtwinkelig. Die Oberschenkel stehen also senkrecht nach oben. Der Kopf wird durch ein kleines Kissen etwas abgestützt. Die Arme liegen parallel zum Körper, die Handrücken sind nach unten gerichtet. Mindestens 15, besser 30 Minuten oder mehr sollte man diese Stufenlage beibehalten.

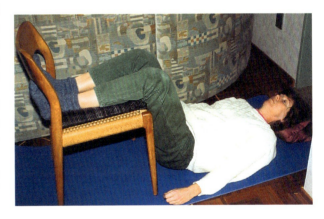

Wer das regelmäßig tut, wird auf Dauer die wohltuende Wirkung spüren.

Wirbelsäulen-Beckenübung

Man legt sich flach auf den Rücken, spreizt die Arme in Schulterhöhe nach außen, Handfläche nach oben. Die Füße werden nacheinander zum Gesäß herangezogen. Sie stehen hüftbreit auseinander und mit voller Fläche von den Zehen bis zur Ferse auf dem Boden. Dann werden der Oberkörper und die Hüfte so weit wie möglich angehoben, dass der Rücken gerade durchgestreckt ist und nicht durchhängt. Die Schultern bleiben auf dem Boden. Man hält diese Stellung einige Sekunden und rollt dann von den Halswirbeln her beginnend Wirbel für Wirbel bis zu den Lendenwirbeln

Gymnastik für Gartenfreunde

ab, bis der Rücken wieder flach aufliegt. Diese Übung wird mehrmals wiederholt.

Schulter- und Schulter-Rückenübungen

Beschwerden in den Schultern werden von gärtnernden Senioren nach Rücken- und Kniebeschwerden besonders häufig genannt.

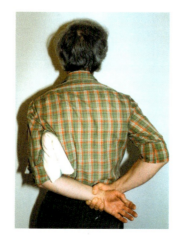

Übung 1. Man klemmt ein Kissen unter die linke Schulter, greift mit der rechten Hand den linken Unterarm hinter dem Rücken und zieht ihn weit hinter den Rücken. Danach geht es mit dem rechten Arm sinngemäß genauso weiter. Diese Übung wird mehrmals wechselseitig wiederholt. Sie gilt als besonders gut und wirksam.

Übung 2. Man führt den rechten Arm über die Schulter so weit wie möglich in den Nacken und zwischen die Schulterblätter. Die Hand des linken Arms fasst das Handgelenk des rechten und zieht den rechten Unterarm langsam nach hinten. Anschließend werden die Arme gewechselt.

Rücken- und Schulterübungen

Übung 3. Beide Schultern kreisen gleichzeitig mehrere Male vorwärts und danach rückwärts.

Übung 4: Schultergürtelübung. Man winkelt den rechten Arm an und drückt mit der linken Hand den Ellenbogen des rechten Arms nach hinten. Dann die Arme wechseln und die Übung wiederholen. Man wird die Dehnung in den Schultern spüren.

Übung 5: Schulter-, Rücken-, Beckenübung. Man streckt die Arme nach vorne und legt die Hände ungefähr in Hüfthöhe auf eine geeignete Fläche bzw. auf einen geeigneten festen Gegenstand, der nicht wegrutscht. Dadurch bildet der Oberkörper mit der Hüfte einen rechten Winkel. Der Oberkörper ist durchgedrückt. Die Beine stehen hüftbreit. Man verharrt eine Weile in dieser Stellung.

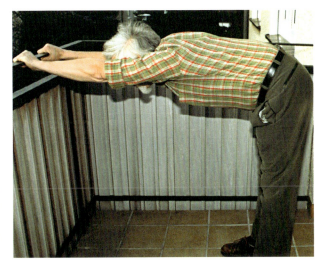

Gymnastik für Gartenfreunde

Bild 1.

Übung 6: Schulter-Rückenübung. Man kann sie gut sitzend durchführen. Die Schultern lässt man bewusst nach unten sinken (Bild 1). Der Hals dagegen wird deutlich nach oben gestreckt. Alles wird mehrmals wiederholt.

Zuerst wird der Hals lang gemacht und die Schultern lässt man nach unten sinken. Der Kopf wird nun vorsichtig und langsam zuerst nach rechts und dann nach links gedreht (Bild 2 und 3).

Einige Male wiederholen. Mit dem Kopf niemals kreisende Bewegungen durchführen.

Bild 2.   Bild 3.

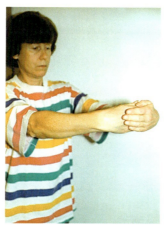

Übung 7: Schulterübung. Die folgende Übung entspannt und stärkt die Schultern und die Oberarme: Die Handflächen werden nach außen gedreht und die Arme so weit wie möglich nach vorne gestreckt. Man spürt die Spannung. Danach werden die Handflächen nach ihnen gewendet. Dieses wird mehrmals wiederholt.

Rücken- und Schulterübungen

Übung 8: Stärkung der Unterarme.
Zuerst zieht man mehrere Sekunden lang den Rücken der rechten Hand gegen die drückende linke Handfläche. Danach wird die rechte Hand umgedreht, der rechte Arm zieht, der linke drückt.
Dasselbe wird dann im Wechsel wiederholt.

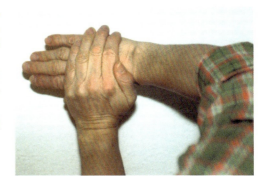

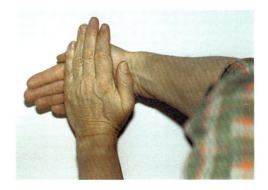

Nachwort

Und abschließend noch ein Wort zum Mut machen:

> „Das Alter hat zwei große Vorteile:
> Die Zähne tun nicht mehr weh, und man
> hört nicht mehr das dumme Zeug,
> das ringsum gesagt wird."

Das wusste schon der irische Schriftsteller und Satiriker George Bernhard Shaw, 1856–1950.

Mit diesen Worten verabschieden wir uns von Ihnen. Schreiben Sie uns, wenn Sie etwas zu ergänzen haben, wenn Sie zustimmen wollen, oder wenn Sie zu einzelnen Punkten anderer Ansicht sind. Ihre Meinung ist uns wichtig.

Dr. Werner Hurka und Henning Milde

Anhang

Literaturverzeichnis
Liefernachweise
Bildnachweise
Die Autoren
Raum für Notizen

Anhang

Literaturverzeichnis

Anonym: Garten als Jungbrunnen, Kraut und Rüben, 2000, 11, S. 22 ff.

Capek, Karel: Das Jahr des Gärtners, Herbig-Verlag, 1970.

Eckermeier, M.: Mit Schwung über Stock und Stein, Grüner Markt, 2000, 3, S. 19–23.

Gartenbauberufsgenossenschaft, Hrsg.: Körperschutz im Gartenbau (GBG 8), 6. überarbeitete Auflage, 1999.

Hurka, Werner: Gartenfreude bis ins hohe Alter – wie man seinen Garten seniorentauglich macht. Pflegefreund1/2001, S. 34–36, WOTO-Verlag.

Kessler, J.: Garten-, Landschafts- und Sportplatzbau, Der Gärtner, Band 4, 2. Auflage, Ulmer-Verlag.

Köcher, Renate: Garten & Glück, Institut für Demoskopie Allensbach und Deutsche Gartenbaugesellschaft, 1999.

Milde, Henning: Bodendeckende Gehölze und Stauden für die Grabbepflanzung. Gärtnerbörse und Gartenwelt, 1988, 11, S. 471–474, Ulmer-Verlag.

Mittelstraß, Katharina: Gemüseselbsternte – eine innovative Gemüsedirektvermarktung in Stadtnähe, Domäne Frankenhausen, Grebenstein, 2001.

Niesel, Alfred: Bauen mit Grün, Parey, Berlin und Hamburg.

Ottens, Charlotte: Gärten für Alte? Gartenpraxis, 1990, 1, S. 27–30.

Literaturverzeichnis

Stöber, Anne-Kathrin: Ein Garten für die Sinne. Blick in die Kirche. Magazin, April 2002. Hrsg. Evangelische Kirche von Kurhessen-Waldeck.

Verbraucherzentrale Kassel: Umweltbelastungen durch Gartengeräte, Ratgeber 2002.

Windberg, H.-J., und Steinberg, U.: Heben und Tragen ohne Schaden, Bundesanstalt für Arbeitsschutz und Arbeitsmedizin, Dortmund, 2000.

Wortmann, Anke, und Jürgen Heß: Gemüse selbst ernten – ein Beitrag zu nachhaltigem Konsum, Ökologischer Landbau, 2001, S. 324–328.

Zander: Handwörterbuch der Pflanzennamen, 16. Aufl., 2000, Ulmer-Verlag.

Bayerische Gartenakademie.
Telefon 01 80 / 4 98 01 14 (nur in Bayern anwählbar).

Hessische Gartenakademie.
Telefon 0 18 05 / 72 99 72 und 05 61 / 4 09 09 15.

Anhang

Liefernachweise

Fiskars Garden, Ebert-Design GmbH, Oststraße 23, D-32051 Herford

Gardena Kress + Partner GmbH, D-89070 Ulm.

Gartenbedarf-Versand Richard Ward, Günztalstraße 22, D-87733 Markt Rettenbach.

Gärtner Pötschke, D-41561 Kaarst.

Gebr. vom Braucke GmbH, Telgenbrink 105, D-33739 Bielefeld.

Gloria-Werke, Postfach 1160, D-59321 Wadersloh.

Neudorff GmbH, An der Mühle 3, D-31860 Emmerthal.

Roth Motorgeräte GmbH & Co., Stuifenstraße 48, 74385 Pleidelsheim.

Saat- und Erntetechnik GmbH, Postfach 1780, D-37257 Eschwege.

Senio, Fachhandel für Senioren, Bergheimer Straße 19, D-69115 Heidelberg.

Werga, Vertrieb über Gartencenter, Adresse unbekannt.

Wilhelm Förster, Postfach 1252, D-58542 Halver.

Wolf Garten GmbH, Industriestraße 83–85, D-57518 Betzdorf/Sieg.

Liefer- und Bildnachweise

Bildnachweise

Das Bild „Rollstuhlfahrer" auf Seite 49 stammt von Kurt Dittrich, Würzburg-Veitshöchheim.

Die Bilder „Aufsitzmäher" auf Seite 61 und „Mähroboter" auf Seite 62 wurden uns freundlicherweise von der Firma Roth Motorgeräte GmbH & Co., Pleidelsheim, zur Verfügung gestellt.

Die Bilder „kleinkronige Kirschbäume" und „Ballerina-Apfel" auf Seite 123 stammen von Eberhard Walther, Vellmar.

Das Bild „Selbsternte" auf Seite 136 gehört der Hessischen Staatsdomäne Frankenhausen.

Das Bild „Seniorengarten" auf Seite 141 stammt von Sascha Pfannstiel, Korbach, Hessen.

Die Bilder auf den Seiten 15, 23, 24, 126, 127, 128 stammen von Harald Spies, Pforzheim.

Alle übrigen Bilder und Dias stammen von Bärbel und Henning Milde sowie von Renate und Werner Hurka.

Anhang

Die Autoren

Dr. Werner Hurka, Jahrgang 1943, absolvierte eine Gärtnerlehre, der ein Gartenbaustudium an der Universität Hannover folgte. Er war danach als wissenschaftlicher Mitarbeiter im Institut für Gemüsebau mit anschließender Promotion tätig. Ab 1977 arbeitete er in der Gärtnermeisterausbildung als Fachschullehrer für Zierpflanzenbau und als Versuchsleiter für Zierpflanzenbau an der damaligen Lehr- und Versuchsanstalt für Gartenbau Kassel (seit 2001 Hessisches Dienstleistungszentrum für Landwirtschaft, Gartenbau und Naturschutz, HDLGN).
Seit 1998 ist er in der Hessischen Gartenakademie am Standort Kassel für den Nichterwerbsgartenbau am gleichen Ort zuständig.

Henning Milde, Jahrgang 1944, absolvierte ebenfalls eine Gärtnerlehre. Es folgten Praxisjahre in verschiedenen Gärtnereien und anschließend eine Ausbildung zum Gärtnermeister in Hannover und zusätzlich noch zum Gartenbauingenieur in Osnabrück. Von 1974 bis 1995 war er Betriebsleiter und Versuchsingenieur in der Lehr- und Versuchsanstalt für Gartenbau Kassel. Danach wechselte er zur Gartenbauberatung Kassel.

Raum für Notizen

Anhang